TRAUNER VERLAG

GASTRONOMIE

Bildung, die begeistert

Allergene & Co.

Kennzeichnung in der Gastronomie

MANFRED RONGE
BRITTA MACHO
KARIN KVARDA

1. Auflage 2015

Köglstraße 14, 4020 Linz, Österreich

Lektorat/Produktmanagement: Claudia Höglinger
Korrektorat: Dr. Anna Jungreithmayr
Gestaltung: Bettina Victor
Fotos: Fotolia, shutterstock, dreamstime
Herstellung: TRAUNER Druck GmbH und Co KG, Linz
ISBN 978-3-99033-432-4
www.trauner.at

Manfred Ronge ■ Britta Macho ■ Karin Kvarda

Allergene & Co.

Kennzeichnung in der Gastronomie

Inhaltsverzeichnis

WORUM ES WIRKLICH GEHT

„Jetzt hab ich auch noch die Allergenverordnung am Hals, wie wenn es nicht schon so genug wäre."

  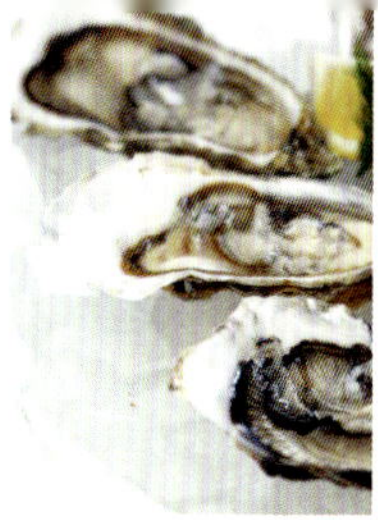

Obwohl die wenigsten mit der verpflichtenden Allergenauszeichnung Freude haben, ist sie doch nicht so kompliziert, wie sie anfangs erscheinen mag: Mit ein paar richtig gesetzten Maßnahmen haben Sie bald alles im Griff.

Betrachten Sie das Ganze doch einmal als Service am Gast bzw. Kunden: Es ist mit Sicherheit nicht angenehm (auch nicht für Sie), wenn ein Gast in Ihrem Betrieb verzweifelt nach Luft ringt. Aber es muss gar nicht so drastisch verlaufen – viele Gäste leiden unter Unverträglichkeiten. Mit einer Allergenauszeichnung wird auch Ihnen das Leben wesentlich erleichtert. Und so nebenbei: Mit besonderer Fürsorge können neue Gäste bzw. Kunden gewonnen werden – ein Punkt, der im täglichen Wettbewerb nicht von der Hand zu weisen ist.

Aber alles der Reihe nach. Zuerst sollte einmal kurz erklärt werden, was unter Lebensmittelunverträglichkeiten und Allergien zu verstehen ist. Ist das nicht das Gleiche? Oder gibt es hier doch Unterschiede?

1 Was sind Lebensmittelunverträglichkeiten?

Immer mehr Menschen verspüren beim Genuss bestimmter Lebensmittel oder Lebensmittelbestandteile Beschwerden, die sich auf unterschiedliche Art und Weise äußern.

Wenn diese Beschwerden durch Eigenschaften des Lebensmittels hervorgerufen werden, so spricht man von einer **toxischen Reaktion:** Im Lebensmittel sind Stoffe enthalten, die vom Menschen generell nicht vertragen werden. Toxische (giftige) Stoffe können von Natur aus im Lebensmittel enthalten sein. Sie können aber auch während des Verarbeitungsprozesses im Lebensmittel entstehen. Manche lösen die toxische Reaktion direkt aus, andere provozieren im Körper Prozesse, die indirekt zu toxischen Reaktionen führen.

In diesem Buch liegt der Fokus jedoch auf nicht toxischen Unverträglichkeitsreaktionen. Wenn ein Lebensmittel nur bei einzelnen Personen Beschwerden auslöst, so beruht dies meist auf einer Hypersensitivität, auf enzymatischen Defekten oder Stoffwechselerkrankungen – also spezifischen Vorgängen im menschlichen Körper. Da diese Unverträglichkeiten derzeit zunehmen, sind sie Thema dieses Buches.

Bei nicht toxischen Unverträglichkeiten wird zwischen Lebensmittelallergien und Lebensmittelintoleranzen unterschieden.

Während an einer Allergie das Immunsystem beteiligt ist, handelt es sich bei einer Intoleranz meist um Fehlfunktionen des Verdauungssystems.

Lebensmittelunverträglichkeiten

Lebensmittelallergie	Lebensmittelintoleranz
Lebensmittelallergie (inklusive Kreuzallergien), z. B. Kuhmilchallergie, Nussallergie, Sojaallergie, Fischallergie	**Lebensmittelintoleranz**, z. B. Stoffwechselerkrankungen, Enzymstörungen, Pseudoallergien und unerklärte Symptome
Immunsystem ist beteiligt	**Immunsystem ist nicht beteiligt**
Vorkommen Selten; Kinder bis zu 8 %, Erwachsene bis zu 2 %	**Vorkommen** Häufig; Häufigkeit variiert nach Art der Intoleranz

Aufgrund der verschiedenen physiologischen Hintergründe unterscheiden sich Allergien und Intoleranzen sowohl in ihren Ursachen als auch in den Symptomen und Behandlungsmöglichkeiten.

Ist schon in Ordnung. Sie konnten ja nicht wissen, dass ich Honig gegenüber intolerant bin.

2 Aktuelle Zahlen in Österreich und Europa

Die genauen Zahlen der betroffenen Personen in Österreich und Europa variieren je nach Quelle relativ stark. Dies liegt vor allem an den unterschiedlichen Diagnoseverfahren. Während einige Studien mit dem empfohlenen Standard, dem doppelblinden, Placebo-kontrollierten oralen Provokationstest (siehe S. 116 f.), arbeiten, nutzen andere Studien Fragebogenerhebungen, bei denen die befragten Personen ohne medizinische Untersuchung angeben können, ob sie bestimmte Lebensmittel vertragen oder nicht. Auch eine Vielzahl an Diagnosemöglichkeiten zwischen diesen beiden Extremen ist möglich (z. B. Ernährungstagebuch, Pricktest, siehe S. 111 f.).

Unverträglichkeit oder nicht, das ist hier die Frage

> Besonders spannend ist in dieser Hinsicht eine Studie von Pereira und Kollegen, die ergab, dass unterschiedliche Testmethoden ausgesprochen unterschiedliche Ergebnisse zur Häufigkeit von Lebensmittelunverträglichkeiten liefern.
>
> Wurden die Personen im Rahmen der Anamnese nach auffälligen Reaktionen befragt, so gaben rund 12 % an, bestimmte Lebensmittel nicht zu vertragen. Im Rahmen eines doppelblinden, Placebo-kontrol-

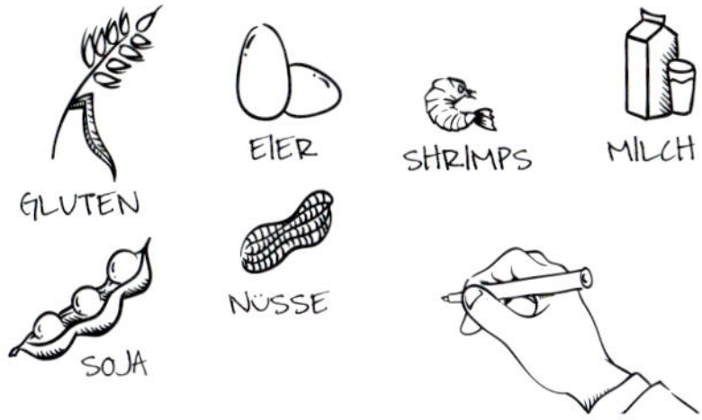

lierten oralen Provokationstests konnte jedoch festgestellt werden, dass nur etwa 2,3 % der Teilnehmer eine klinisch nachweisbare Unverträglichkeit hatten.

Andere Studien ergaben, dass sogar bis zu 35 % der europäischen Bevölkerung in Umfragen anführen, an einer Allergie zu leiden, während mit oralen Provokationstests nur bei etwa 2 bis 3 % der Personen eine Lebensmittelallergie nachgewiesen werden kann.

Im Allgemeinen wird davon ausgegangen, dass echte Lebensmittelallergien bei Kindern weitaus häufiger auftreten als bei Jugendlichen oder Erwachsenen. Während bei Kindern rund 5 bis 8 % von Nahrungsmittelallergien betroffen sind, sinkt diese Zahl bei Jugendlichen auf etwa 2 bis 3 % und bei Erwachsenen weiter auf 1 bis 2 %.

Am weitesten verbreitet ist dabei die Kuhmilchallergie, von der etwa 2 bis 7 % der Säuglinge und Kleinkinder sowie 1 % der Erwachsenen betroffen sind. Andere Allergien betreffen weit weniger Personen, die Weizenallergie etwa nur rund 0,1 bis 0,5 % der Bevölkerung.

Die **Laktoseintoleranz (Milchzuckerunverträglichkeit) ist weltweit die häufigste Lebensmittelunverträglichkeit.** Insgesamt vertragen nur rund 20 % der Weltbevölkerung laktosehaltige Produkte. Insbesondere Personen aus Asien oder Afrika sind beinahe zu 100 % von Laktoseintoleranz betroffen, während in Europa etwa 20 bis 25 % an der Unverträglichkeit leiden.

Da die verschiedenen Diagnoseverfahren – wie oben beschrieben – sehr unterschiedliche Ergebnisse liefern können, ist es ratsam, die im Kapitel „Diagnostik" (siehe S. 110 ff.) angeführten Testungen zu durchlaufen, um eine zuverlässige medizinische Diagnose zu erhalten. Trotzdem kann es immer wieder zu Unverträglichkeiten kommen, die zwar medizinisch nicht erklärbar sind, durch die aber die Betroffenen nach Genuss bestimmter Lebensmittel dennoch Beschwerden verspüren.

„Wir sind so laktoseintolerant, dass wir den Milchmann unter Arrest gestellt haben."

3 Rechtsbasis in Österreich und in der Europäischen Union

Seit dem 13. Dezember 2014 unterliegen in der EU nicht nur verpackte Lebensmittel, sondern auch lose Waren der verpflichtenden Allergenkennzeichnung.

Festgeschrieben ist diese Regelung in der Verordnung (EU) Nr. 1169/2011, kurz Lebensmittelinformationsverordnung (LMIV) genannt.

Lebensmittelinformationsverordnung (LMIV)

Diese Verordnung regelt die Rahmenbedingungen hinsichtlich der Informations- und Auszeichnungspflicht von Lebensmitteln aller Lebensmittelunternehmer, somit auch der Gastronomie, Hotellerie und Gemeinschaftsverpflegung.

Die LMIV sieht im Gegensatz zur bisherigen Rechtspraxis nicht nur die Information und Kennzeichnung bei verpackten Lebensmitteln vor, sondern schließt auch unverpackte

Ware mit ein. Sie zielt damit darauf ab, die Information der Verbraucher zu verbessern.

Im Wesentlichen regelt die LMIV einige wichtige Rahmenbedingungen, begonnen bei der Mindestschriftgröße von 1,2 mm für Pflichtangaben über die verbindliche Nährwertdeklaration bis zu Hinweisen über die Herkunft der Lebensmittel.

Auch Pflichtangaben für Lebensmittelimitate, Formfleisch und koffeinhaltige Produkte werden in der Verordnung behandelt. Ein Kernstück aus Sicht der Gastronomie, Hotellerie und Gemeinschaftsverpflegung ist zweifelsfrei die Allergenkennzeichnung.

Die EU-LMIV löst die nationalen Regelungen in den Mitgliedsstaaten mit Dezember 2014 (bzw. in gewissen Bereichen erst im Dezember 2016) ab, somit endete die Übergangsfrist für die Umsetzung am 13. Dezember 2014.

Die 14 kennzeichnungspflichtigen Hauptallergene

Die EU definiert 14 Allergene, die am häufigsten Unverträglichkeiten auslösen und kennzeichnungspflichtig sind.

Selbstverständlich können weitaus mehr Substanzen allergische Reaktionen auslösen, die folgenden 14 Allergene wurden jedoch als Hauptallergene definiert und sind daher EU-weit zu deklarieren.

Glutenhaltige Getreide

Weizen (alle Arten und Abkömmlinge wie Dinkel, Khorasan-Weizen [®Kamut], Emmer, Einkorn, Grünkern), Roggen, Gerste, Hafer und deren Hybridstämme sowie daraus gewonnene Erzeugnisse

Ausnahmen

- Glukosesirupe auf Weizenbasis einschließlich Dextrose
- Maltodextrine auf Weizenbasis
- Glukosesirupe auf Gerstenbasis
- Getreide zur Herstellung von Destillaten oder Ethylalkohol landwirtschaftlichen Ursprungs für Spirituosen und andere alkoholische Getränke

Krebstiere

und daraus gewonnene Erzeugnisse (z. B. Krebse, Garnelen, Hummer)

Eier

von Geflügel und daraus gewonnene Erzeugnisse (inklusive Lysozym aus Eiklar = E 1105)

Fische

und daraus gewonnene Erzeugnisse

Ausnahmen

- Fischgelatine, die als Träger für Vitamin- oder Karotinoidzubereitungen verwendet wird
- Fischgelatine oder Hausenblase, die als Klärhilfsmittel in Bier und Wein verwendet wird

Erdnüsse

und daraus gewonnene Erzeugnisse

Sojabohnen

und daraus gewonnene Erzeugnisse (z. B. Sojalecithin = E 322 als Emulgator z. B. in Schokolade, Instantgetränken, Margarine und Backwaren)

Ausnahmen

- Vollständig raffiniertes Sojabohnenöl und -fett
- Natürliche gemischte Tocopherole (E 306), natürliches D-alpha-Tocopherol, natürliches D-alpha-Tocopherolazetat, natürliches D-alpha-Tocopherolsukzinat aus Sojabohnenquellen
- Aus Ölen der Sojabohne gewonnene Phytosterine und Phytosterinester
- Aus Pflanzenölsterinen gewonnene Phytostanolester aus Sojabohnenquellen

Milch

sämtlicher Tierarten und daraus gewonnene Erzeugnisse (einschließlich Laktose)

Ausnahmen

- Molke zur Herstellung von Destillaten oder Ethylalkohol landwirtschaftlichen Ursprungs für Spirituosen und andere alkoholische Getränke
- Lactit (= E 966)

Schalenfrüchte

Mandeln, Haselnüsse, Walnüsse, Cashew-Nüsse, Pekannüsse, Paranüsse, Pistazien, Macadamianüsse, Queenslandnüsse und daraus gewonnene Erzeugnisse

Ausnahmen

Schalenfrüchte für die Herstellung von Destillaten oder Ethylalkohol landwirtschaftlichen Ursprungs für Spirituosen und andere alkoholische Getränke

Sellerie

und daraus gewonnene Erzeugnisse

Senf

und daraus gewonnene Erzeugnisse

Sesamsamen

und daraus gewonnene Erzeugnisse

Schwefeldioxid und Sulfite

in Konzentrationen von mehr als 10 mg/kg oder 10 mg/l, ausgedrückt als SO_2 (z. B. in Wein, Essig, zur Konservierung von Trockenfrüchten als E 220)

Lupinen

und daraus gewonnene Erzeugnisse (z. B. spezielle Lupinen-Mehle)

Weichtiere

(z. B. Schnecken, Austern, Muscheln etc.) und daraus gewonnene Erzeugnisse

Während die Europäische Union vorgibt, welche allergenen Substanzen ab wann zu kennzeichnen sind, wird es den einzelnen Mitgliedsstaaten überlassen, die Art und Weise der Kennzeichnung national zu regeln.

Falls eine solche nationale Regelung nicht erlassen wird, so gelten in dem jeweiligen Staat auch für lose Waren die EU-Regelungen für verpackte Lebensmittel.

Um diese strengen Bestimmungen zu vermeiden, hat Österreich im Juli 2014 eine nationale Regelung erlassen (mehr dazu auf S. 26 f.).

Hinweise bei verpackten Lebensmitteln

Auf verpackten Lebensmitteln sind bestimmte Kennzeichnungen schon lange verpflichtend, wie u. a.:

- Sachbezeichnung
- Name und Adresse des Erzeugers (bzw. Verkäufers)
- Füllmenge
- Mindesthaltbarkeitsdatum
- Zutatenliste

Die Sachbezeichnung – worum es sich handelt

Jedes verpackte Produkt muss eine Sachbezeichnung aufweisen, die im Sichtfeld zu finden ist. Sie ist nicht zu verwechseln mit dem Produktnamen, der oft nicht sehr aussagekräftig ist (z. B. Frühlingssuppe, Halswohl-Tee).

Manchmal gibt bereits die Sachbezeichnung Aufschluss über ein vorhandenes Allergen, wie z. B. Vollmilch, Nusskipferl oder Weizenflocken.

Die Zutatenliste – was drinnen ist, muss auch angeführt werden

In der Zutatenliste werden alle bewusst zugesetzten Stoffe gemäß ihres Anteils in absteigender Reihenfolge genannt: Das heißt, die Zutat an erster Stelle macht den größten Anteil im Produkt aus, die zweite Zutat den zweitgrößten Anteil usw.

Wie werden Zutaten gekennzeichnet, die Allergene enthalten?

Sind im Produkt Zutaten enthalten, die kennzeichnungspflichtige Allergene enthalten, müssen diese in der Zutatenliste deutlich hervorgehoben werden.

Mögliche Kennzeichnung von Allergenen auf Zutatenlisten

> Fettdruck (**Milch**pulver, **Weizen**, Gewürze [enthält **Senf**, **Sellerie**])
> Blockbuchstaben (WEIZENmehl, SOJAlecithin ...)
> Farbdruck (Magermilchpulver, Haselnüsse)
> Bei Lebensmitteln, die keine Zutatenliste benötigen (z. B. Alkoholika mit über 1,2 Vol-% Alkohol), gibt es einen gesonderten Hinweis (z. B. „Enthält Haselnüsse, Mandeln und Erdnüsse“).

Nicht erlaubt ist *kursiver* Druck, da er sich in der häufig sehr kleinen Schriftgröße unzureichend vom normalen Text abhebt.

tipp
vom profi

Achtung: Manchmal kann die Hervorhebung eines Allergens in der Zutatenliste vergessen worden sein – daher immer die Zutatenliste lesen!

Freiwillige Angaben

Zusätzlich findet man auf einigen Etiketten **freiwillige Angaben** wie z. B. „laktosefrei" und/oder „glutenfrei". Diese Kennzeichnung unterliegt ebenfalls strengen Vorgaben:

- Um ein Produkt als **„glutenfrei"** zu deklarieren, darf es maximal 20 mg Gluten pro Kilogramm Lebensmittel enthalten.
- Um ein Lebensmittel als **„laktosefrei"** zu kennzeichnen, muss ein Grenzwert von maximal 0,1 g Laktose pro 100 g Lebensmittel eingehalten werden.

Die Neuerung, dass seit Dezember 2014 Zutaten hervorgehoben werden müssen, die deklarationspflichtige Allergene enthalten, erleichtert Personen, die unter einer Nahrungsmittelunverträglichkeit leiden, die Produktauswahl. Die verstärkte Kennzeichnung bietet aber auch den verarbeitenden Betrieben der Gastronomie, Hotellerie und Gemeinschaftsverpflegung eine Orientierungshilfe bei der Allergenkennzeichnung.

„Kann Spuren von … enthalten" – die Spurenkennzeichnung

Sie haben sicherlich schon oft den Satz „Kann Spuren von … enthalten" auf Verpackungen gelesen. Diese Spurenkennzeichnung ist eine freiwillige Kennzeichnung und besagt nicht zwingend, dass dieses Allergen auch tatsächlich im Produkt enthalten ist. Sie zeigt lediglich, dass in diesem Betrieb auch Produkte mit den genannten Allergenen hergestellt oder verwendet werden.

Warum macht man dann diese Kennzeichnung, wenn gar keine Allergene enthalten sind?

> Ganz einfach: Diese freiwillige Angabe dient in erster Linie der haftungsrechtlichen Absicherung der Produzenten. Sie bietet jedoch auch eine Hilfestellung für sehr sensible Allergiker, die bereits bei kleinsten Mengen Symptome spüren.

aus dem leben
einer allergiebetroffenen

„Ein Arbeitskollege hatte einen Kuchen mitgebracht und mir versichert, dass darin keine Nüsse enthalten sind. Nach ein paar Bissen bekam ich keine Luft mehr und musste mit dem Notarzt ins Krankenhaus gebracht werden. Das Problem war eine Mohn-Fertigmischung, auf welcher der Zusatz ‚Kann Spuren von Nüssen enthalten' in ganz kleiner Schrift stand und von meinem Kollegen einfach übersehen worden war. Für mich als Allergikerin reichen allerdings schon Spuren von Nüssen, damit mir die Luft wegbleibt."

„Frei von ..."-Angaben – eine heikle Sache

Derzeit gibt es – abgesehen von Gluten, Laktose und Sulfiten – keine gültigen Schwellenwerte, da in zahlreichen Studien keine „ungefährliche" Dosis definiert werden konnte. **Bereits minimale Spuren können bei sensiblen Personen Unverträglichkeitsreaktionen auslösen.** Aus diesem Grund sollte ein Produkt nur bei absoluter Sicherheit als „Frei von ..." deklariert werden.

Es gibt eine Nulltoleranz. Da in Gastronomiebetrieben viele verschiedene Lebensmittel verarbeitet werden und deshalb viele Spuren enthalten sein können, wird von „Frei von ..."-Angaben grundsätzlich abgeraten.

Allergenfrei? – Gibt's nicht!

Höchst problematisch ist die irreführende Kennzeichnung „allergenfrei", da praktisch jedes Eiweiß eine allergische Reaktion auslösen kann. Obwohl 14 Hauptallergene von der Europäischen Union definiert wurden, gibt es eine Vielzahl weiterer Stoffe, die Allergien oder Unverträglichkeiten auslösen können.

So ist es besser

> Unverfänglicher ist die Bezeichnung „Frei von deklarationspflichtigen Allergenen laut EU-Verordnung 1169/2011".

Weniger problematisch als vielmehr unseriös ist die „Frei von ..."-Angabe bei Produkten, die von Natur aus bestimmte Allergene nicht enthalten. So ist es beispielsweise verboten, mit glutenfreier Milch, laktosefreien Äpfeln oder selleriefreien Fleischteilen zu werben, da die Werbung mit Selbstverständlichkeiten untersagt ist.

Hinweise bei loser Ware

Bis Dezember 2014 gab es keine Verpflichtung zur Allergenkennzeichnung von offener Ware, wie sie beispielsweise in Bäckereien, Feinkostabteilungen, Kantinen oder Restaurants angeboten wird.

Mit der Umsetzung der EU-Verordnung Nr. 1169/2011 müssen auch für lose Produkte die enthaltenen Hauptallergene angeführt werden. Die Gastronomie und die Gemeinschaftsverpflegung sind ebenfalls von diesen neuen Bestimmungen betroffen.

Für Österreich wurde im Rahmen einer Arbeitsgruppe, die unter anderem aus Vertretern des Bundesministeriums für Gesundheit, der Wirtschaftskammer sowie anderen Fachgruppen und Interessensvertretungen von Gastronomie, Gemeinschaftsverpflegung und Lebensmittelindustrie bestand, eine – im internationalen Vergleich – recht milde Regelung beschlossen.

Was ist das Ziel der EU-Verordnung?

Jeder Konsument und jeder Gast (insbesondere jener, der von einer Lebensmittelunverträglichkeit betroffen ist) soll die Möglichkeit haben, zu erfahren, welche Allergene in den gewünschten Lebensmitteln oder Getränken enthalten sind.

Wie das Ganze praktisch umgesetzt werden kann, können Sie auf S. 122 f. lesen.

Gesetzliche Rahmenbedingungen vereinfacht dargestellt

EU-Verordnung Nr. 1169/2011		
Österreichisches Bundesgesetzblatt Nr. 175/2014		
Leitlinie zur Allergen-information	Leitlinie zur Personal-schulung	Empfehlung der Codex-Unterkommission bei schriftlicher Auszeichnung

Nachfolgend sind die wesentlichen nationalen, für Österreich gültigen Verordnungen, Richtlinien, Leitlinien und Empfehlungen aufgelistet und inhaltlich beschrieben. Wir weisen jedoch ausdrücklich darauf hin, dass diese Zusammenfassungen die Originalversionen keinesfalls ersetzen und auch zur Ableitung rechtlich relevanter Maßnahmen nicht geeignet sind.

Bundesgesetzblatt (BGBl. II Nr. 175/2014) – Allergeninformationsverordnung

„175. Verordnung des Bundesministers für Gesundheit über die Weitergabe von Informationen über unverpackte Lebensmittel, die Stoffe oder Erzeugnisse enthalten, die Allergien oder Unverträglichkeiten auslösen können, und über weitere allgemeine Kennzeichnungsbestimmungen für Lebensmittel (Allergeninformationsverordnung)“

Es werden im Folgenden nur jene Paragrafen angeführt, die unmittelbar mit der Allergenauszeichnung zu tun haben.

Information über allergene Stoffe (§ 2)

Regelt die Verpflichtung der Lebensmittelunternehmer, Informationen über unverpackte Lebensmittel, die Stoffe oder Erzeugnisse enthalten, welche Allergien oder Unverträglichkeiten auslösen können, die bei der Herstellung oder Zubereitung eines Lebensmittels verwendet werden, sowohl an Endverbraucher weiterzugeben als auch anzuführen, welche Stoffe davon betroffen sind. Die kennzeichnungspflichtigen Allergene sind im Anhang II der EU-Lebensmittelinformationsverordnung aufgelistet.

Weitergabe der Information (§ 3)

Regelt die Verpflichtung, dass die Information über die enthaltenen allergenen Zutaten durch den Lebensmittelunternehmer verfügbar und leicht zugänglich gemacht wird.

Weiters wird die Möglichkeit zur mündlichen Auszeichnung eingeräumt. Eine wesentliche Bedingung für die mündliche Auszeichnung ist der deutliche und gut lesbare Hinweis an einer gut sichtbaren Stelle, dass die Informationen über die allergenen Zutaten auf Nachfrage mündlich erhältlich sind.

tipp
vom profi

So könnte der Hinweis auf eine mündliche Information lauten: „Wenn bei Ihnen eine Nahrungsmittelallergie oder eine Unverträglichkeit vorliegt, wenden Sie sich bitte an unsere geschulten Mitarbeiter/innen – sie informieren Sie gerne über unsere Produkte.“

Außerdem wird im § 3 geregelt, dass die mündliche Weitergabe nur durch dafür geschulte Personen erfolgen darf. Die Schulung ist mindestens alle drei Jahre zu wiederholen und der Nachweis für die erfolgte Schulung ist zu dokumentieren. Der Nachweis der ersten Schulung muss ein Jahr nach Inkrafttreten dieser Verordnung erfolgen.

Dokumentation (§ 4)

Hier wird die Verpflichtung zur schriftlich geführten Dokumentation als Grundlage für die Informationsweitergabe geregelt.

Information über Süßungsmittel (§ 5)

- Bei Lebensmitteln, die Aspartam bzw. Aspartam-Acesulfam-Salz enthalten, ist der Hinweis **„Enthält eine Phenylalaninquelle“** anzubringen. Anmerkung: Aspartam und Aspartam-Acesulfam-Salz haben die Nummern E 951 und E 962.
- Lebensmittel mit über 10 % zugesetzten mehrwertigen Alkoholen (**Zuckeraustauschstoffe** wie Mannit [E 421], Xylit [E 967], Sorbit [E 420]) sind mit dem Hinweis **„Kann bei übermäßigem Verzehr abführend wirken“** zu versehen.

Die Hinweise sind ebenso wie die Informationen über die Allergene deutlich lesbar, dauerhaft und an gut sichtbarer Stelle anzubringen: auf einem Schild, in einem Preisverzeichnis, auf bzw. nahe dem Lebensmittel oder – in Einrichtungen der Gemeinschaftsversorgung – in Speise- und Getränkekarten oder auf einem Aushang, den der Endverbraucher einsehen kann.

Die Informationen über Süßungsmittel sind in jedem Fall schriftlich (z. B. in der Speisekarte, auf Schildern) anzubringen.

Abgabe in Selbstbedienung (§ 6)

Unmittelbar für den Verkauf oder die freie Entnahme verpackte Lebensmittel, die in Selbstbedienung abgegeben werden, unterliegen der vollen Auszeichnungspflicht im Sinne der Lebensmittelinformationsverordnung. Sie müssen schriftlich gekennzeichnet werden.

Inkrafttreten (§ 10)

Die Allergeninformationsverordnung trat mit 13. Dezember 2014 in Kraft. Übergangsfristen gibt es nicht mehr.

Leitlinie zur Allergeninformation bei nicht vorverpackten Lebensmitteln („offenen Waren") im Sinne der Allergeninformationsverordnung

Diese Leitlinie ist ein Modell für die praktische Umsetzung der Allergeninformation und kann von Unternehmen an die betrieblichen Gegebenheiten angepasst werden.

tipp
vom profi

Die betrieblichen Kontrollen werden immer in Anlehnung an diese Leitlinie durchgeführt. Es macht also Sinn, die in der Leitlinie angeführten Punkte im betrieblichen Alltag einzuhalten.

Zuständigkeit: Wer ist die allergenbeauftragte Person?

Der Lebensmittelunternehmer (z. B. der Restaurant- oder Kaffeehausinhaber) oder eine von ihm beauftragte Person bestimmt eine Person, welche die notwendige Allergeninformation erstellt, die an die Endverbraucher (also die Gäste bzw. Kunden) weitergegeben wird. Somit ist klar, dass es in **jedem Betrieb zumindest eine „allergenbeauftragte Person“** geben muss.

Informationsgrundlage: Wie komme ich zu den Produktinformationen?

Als Grundlage für die Erstellung der Allergeninformation dienen die vom Lieferanten des jeweiligen Lebensmittels zur Verfügung gestellten Informationen, wie z. B.

- auf der Verpackung,
- auf dem Etikett,

- in Begleitpapieren (z. B. Spezifikationen) oder
- in anderer geeigneter Weise übermittelte Informationen (Datenübertragung, Datenbanken).

Erstellung der Allergeninformation

Bei **Handelswaren** müssen schriftliche Unterlagen (Excel-Dateien, Datenbanken, Kassensysteme ...) erstellt werden, aus denen für die einzelnen Produkte bzw. Produktgruppen die jeweiligen Allergene hervorgehen.

Bei **selbst produzierten Waren** sind auf Basis der Zutaten oder Rezepturen und gegebenenfalls der Spezifikationen die Allergene der einzelnen Zutaten zu ermitteln.

frage
an den profi

Wie sieht es mit tagesaktuellen Angeboten oder kurzfristigen Rezepturänderungen aus?

Auch in diesem Fall muss es eine Information bezüglich der enthaltenen Allergene geben. Das heißt im Klartext: Bei kurzfristigen Rezeptur- oder Zutatenabweichungen muss die entsprechende Information an die Kollegen unbedingt weitergeleitet werden. Denn sie sind es, die die Kunden bzw. Gäste über mögliche Allergene informieren müssen.

Weitergabe der Allergeninformation – schriftlich oder mündlich, das ist hier die Frage

Eine **schriftliche Information** kann beispielsweise in Speise- oder Getränkekarten, auf Schildern beim Lebensmittel (z. B. bei einem Buffet), auf einem Aushang in der Nähe der Lebensmittel, in Preisverzeichnissen oder in elektronischer Form (z. B. bei Gemeinschaftsverpflegung) erfolgen. Dafür können auch **Abkürzungen oder Symbole** verwendet werden, wenn diese in unmittelbarer Nähe aufgeschlüsselt werden. Eine Empfehlung für die schriftliche Information wurde vom Bundesministerium für Gesundheit herausgegeben (siehe S. 39 f.)

Manchmal kann man sich die Kennzeichnung allerdings sparen

Wenn sich die Bezeichnung des Lebensmittels eindeutig auf eines der 14 Allergene bezieht oder die Präsentation des Lebensmittels auf das Vorhandensein dieser Zutat schließen lässt, brauchen Sie nichts zu kennzeichnen.

Eh Logisch!

Bei einem Milchshake ist sonnenklar, dass er Milch enthält. Es muss also nicht extra darauf hingewiesen werden.

Aber aufgepasst – der Teufel liegt im Detail:
Sind im Produkt andere kennzeichnungspflichtige Allergene (z. B. Soja) enthalten, die aus dem Namen nicht hervorgehen, müssen diese sehr wohl ausgewiesen werden.

Wird die **Allergeninformation** durch den Lebensmittelunternehmer **mündlich** erteilt, ist an einer gut sichtbaren Stelle deutlich und gut lesbar darauf hinzuweisen, wie z. B. in der Speisenkarte, auf Tischaufstellern oder mithilfe eines Aushangs.

Beispiel für einen Hinweis in der Speisenkarte

Liebe Gäste!

Unser geschultes Serviceteam informiert Sie gerne über allergene Zutaten in unseren Produkten.

Wir sind immer um Ihr Wohl bemüht.

Ihr Gastgeber

Laufende Aktualisierung der Allergeninformation

Die größte Herausforderung im Bereich der Allergenauszeichnung ist die **ständige Aktualisierung der vorhandenen Informationen** und Daten. Dabei muss auf alle Änderungen des Sortiments geachtet werden und vor allem jede Änderung einer Zutat, die für die Allergenauszeichnung von Relevanz ist, in jedem Rezept berichtigt werden.

Im Falle der **schriftlichen Auszeichnung müssen alle diesbezüglichen Unterlagen (also Speisenkarten, Getränkekarten etc.) unmittelbar angepasst werden.**

Weitersagen erlaubt!
Bei der **mündlichen Information** ist unbedingt darauf zu achten, dass alle relevanten Änderungen innerhalb des Betriebs verlässlich weitergeleitet werden.

tipp
vom profi

Besondere Sorgfalt ist in einer Übergangsphase geboten. So kommt es immer wieder vor, dass eine neue Rohware bereits verwendet wird, die schriftliche Auszeichnung jedoch noch nicht aktualisiert wurde. Was nicht nur für einen schweren Allergiker fatale Auswirkungen haben kann, sondern auch für den Betrieb. Also: Änderungen immer sofort an die zuständige Person weiterleiten!

Leitlinie für die Personalschulung über die Allergeninformation im Sinne der Allergeninformationsverordnung

Die Leitlinie für die Personalschulung gilt nur dann, wenn die Information über die allergenen Stoffe im Betrieb mündlich erfolgt.

Schulungspflichtige Personen

Damit Gäste und Kunden lückenlos und persönlich über allergene Zutaten in Speisen und Getränken informiert werden können, muss das dafür vorgesehene Personal entsprechend geschult werden. In großen Betrieben und Unternehmen mit langen Öffnungszeiten ist es daher unverzichtbar, mehrere Personen zu schulen.

Was wird bei Schulungen vermittelt?

Die Inhalte der Schulungen müssen auf das jeweilige Aufgabengebiet abgestimmt sein und umfassen mindestens folgende Punkte:

- Vermittlung, wie wichtig eine Allergeninformation ist (Was ist eine Allergie bzw. Unverträglichkeit? Welche Auswirkungen hat diese?)
- Sensibilisierung im Hinblick darauf, wie eine allergische Reaktion bzw. Unverträglichkeit ausgelöst wird

- Sachwissen über die 14 kennzeichnungspflichtigen Hauptallergene
- Kenntnisse, in welcher Art und Weise die Allergeninformation im Betrieb durchgeführt und an den Endverbraucher weitergegeben wird

Wie oft muss eine Schulung durchgeführt werden?

Jede schulungspflichtige Person muss die Schulung mindestens alle drei Jahre wiederholen. Die erste Schulung erfolgt zum Zeitpunkt der Bestimmung der Person.

Wer führt die Schulungen durch?

Die Schulungen können von **internen oder externen Experten** durchgeführt werden. Interne Allergenexperten sind z. B. Betriebsinhaber, Verantwortliche für Lebensmittelsicherheit, Küchenchefs, diätetisch geschulte Köche, Diätologen oder Serviceleiter. Sie müssen über das entsprechende Fachwissen zu den festgelegten Themen verfügen und in der Lage sein, die Schulungsinhalte zu vermitteln.

Schulungsnachweis

Der Unternehmer oder eine von ihm beauftragte Person hat dafür zu sorgen, dass Nachweise für die erfolgten Schulungen im Betrieb aufliegen und mindestens drei Jahre aufbewahrt werden. Die Dokumentation kann analog zur Leitlinie „Personalschulung von Hygienepersonal" durchgeführt werden.

Der Schulungsnachweis muss folgende Daten beinhalten:

- Ort, Datum und Uhrzeit der Schulung
- Teilnehmer

- Schulungsthema bzw. Lernziel
- Schulungsdauer
- Vortragende(r)

Auf der **Teilnehmerliste** haben die Teilnehmer durch Unterschrift ihre Anwesenheit zu bestätigen. Die **Schulungsunterlagen**, wie z. B. Fachliteratur oder Merkblätter, müssen für die Mitarbeiter zugänglich sein.

Empfehlung für die Auszeichnungsart

Die Codex-Unterkommission hat eine Empfehlung zur Kennzeichnung und Aufmachung der schriftlichen Allergeninformation bei nicht vorverpackten Lebensmitteln („offenen Waren“) ausgearbeitet. Diese Empfehlung richtet sich an all jene Betriebe, die sich für eine schriftliche Auszeichnung entscheiden. So gibt es eine **Kurzbezeichnung** (z. B. Glutenhaltiges Getreide) bzw. einen **Buchstabencode** (z. B. A) für alle 14 kennzeichnungspflichtigen Allergene und daraus gewonnene Erzeugnisse.

frage
an den profi

Was ist der Vorteil dieser Kennzeichnung?
Der Vorteil ist der Wiedererkennungseffekt: Durch die einheitliche Darstellung können Gäste wesentlich leichter erkennen, ob „ihr“ Allergen enthalten ist.

Allergeninformation gemäß der Codex-Empfehlung

Kurzbezeichnung	Buchstabencode
Glutenhaltiges Getreide	A
Krebstiere	B
Ei	C
Fisch	D
Erdnuss	E
Soja	F
Milch oder Laktose	G
Schalenfrüchte	H
Sellerie	L
Senf	M
Sesam	N
Sulfite	O
Lupinen	P
Weichtiere	R

Kennzeichnung der Allergene in einer Speisenkarte mithilfe der Kurzbezeichnung direkt beim Gericht

Rindsuppe mit Grießnockerln

glutenhaltiges Getreide, Ei, Milch oder Laktose, Sellerie

Schweinemedaillons auf Kartoffel-Steinpilz-Flan, Pfeffersauce und Brokkoli

Ei, Milch oder Laktose, Senf, Sulfite

Rehragout mit Rotkraut, Semmelknödel und Preiselbeeren

glutenhaltiges Getreide, Ei, Milch oder Laktose, Sellerie, Sulfite

Powidltascherl mit Zimteis

glutenhaltiges Getreide, Ei, Milch oder Laktose, Schalenfrüchte

Allergeninformation gemäß Codex-Empfehlungen

Wird die Kurzbezeichnung verwendet, ist z. B. in einer Fußnote klarzustellen, dass es sich um eine Allergeninformation gemäß der Codex-Empfehlung handelt.

Kennzeichnung der Allergene in einer Speisenkarte mithilfe von Buchstabencode und Fußnoten

MENÜ

Rindsuppe mit Grießnockerln

A, C, G, L

Schweinemedaillons auf Kartoffel-Steinpilz-Flan, Pfeffersauce und Brokkoli

C, G, M, O

Rehragout mit Rotkraut, Semmelknödel und Preiselbeeren

A, C, G, L, O

Powidltascherl mit Zimteis

A, C, G, H

Allergeninformation gemäß Codex-Empfehlungen:

A) Glutenhaltiges Getreide
B) Krebstiere
C) Ei
D) Fisch
E) Erdnuss
F) Soja
G) Milch oder Laktose
H) Schalenfrüchte
L) Sellerie
M) Senf
N) Sesam
O) Sulfite
P) Lupinen
R) Weichtiere

Information zu Süßungsmitteln:

Gemäß VO des BMG vom 10.07.2014; BGBl Nr. II/175/2014
*) Enthält eine Phenylalaninquelle
**) Kann bei übermäßigem Verzehr abführend wirken

KAFFEE
&
MEHR

Caffè Latte
Wiener Melange
Cappuccino

Verlängerter
Kleiner Brauner
Großer Brauner

Oder darf es eine
heiße Schokolade sein?

Alle Kaffeemischgetränke enthalten Milch
oder Laktose.

Die Erklärung des Buchstabencodes zu den entsprechenden Kurzbezeichnungen ist an gut sichtbarer Stelle und deutlich lesbar zu platzieren. Sie kann je nach Art des Angebots in Form von Aushängen, Theken- oder Tischaufstellern, Informationsblättern oder in der Speisenkarte direkt vermerkt sein.

Die Nähe zwischen Legende und Buchstabencode muss so gegeben sein, dass eine zeitgleiche Information möglich ist.

LEBENSMITTEL-ALLERGIEN

Der Begriff „Allergie“ wurde im Jahr 1906 vom Wiener Kinderarzt Clemens Freiherr von Pirquet geprägt. Pirquet definierte eine Allergie als „veränderte Fähigkeit des Körpers, auf eine fremde Substanz zu reagieren“. Er erkannte als Erster, dass Antikörper nicht nur eine schützende Wirkung haben, sondern auch Überempfindlichkeitsreaktionen auslösen können. Diese Überempfindlichkeitsreaktionen sind gemeinhin als „Allergie“ bekannt.

1 Wie unser Immunsystem arbeitet

Das Immunsystem des Körpers unterscheidet zwischen körpereigenen und körperfremden Substanzen. Die körperfremden Stoffe werden in harmlose und schädliche eingeteilt. Bei einer Infektion mit Bakterien, Viren oder Parasiten bildet das Immunsystem Antikörper gegen die schädlichen Erreger und der Körper wird immun. Bei einem weiteren Kontakt mit demselben Erreger erinnert sich der Körper an den schädlichen Stoff und beginnt sofort mit der Bildung der Antikörper. Auf diese Weise wird eine zweite Infektion besonders schnell bekämpft.

2 Allergie – wenn harmlose Substanzen als gefährlich eingestuft werden

Bei einer Allergie wird die gleiche Reaktion ausgelöst, allerdings liegt hier ein Fehler in der Bewertung der Stoffe vor: Normalerweise harmlose Substanzen werden als „gefährlich" eingestuft und Antikörper werden gebildet. Bei diesen Stoffen – den Allergenen – handelt es sich meist um tierische oder pflanzliche Eiweiße. Bereits sehr geringe Mengen des Allergens können eine allergische Reaktion auslösen.

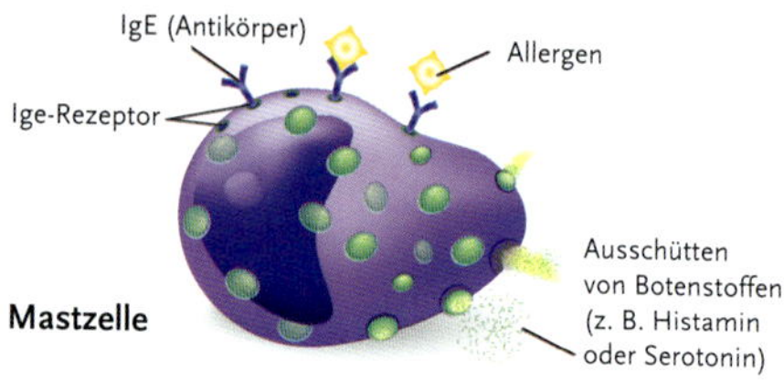

Bei einer Allergie sind es vor allem Antikörper der Klasse **Immunglobulin E (IgE)**, die gebildet werden. Die IgE sitzen in verschiedenen Geweben (Haut, Atmungssystem, Magen-Darm-Trakt) auf sogenannten Mastzellen. Kommt es zu einem Kontakt zwischen Allergen und Antikörpern (IgE), schütten die Mastzellen bestimmte Botenstoffe (z. B. Histamin, Serotonin) aus. Die Art und die Dosis dieser Botenstoffe bewirken die allergische Reaktion.

Lebensmittelallergien kommen bei Kindern (etwa 5–8 %) häufiger vor als bei Erwachsenen (etwa 1–2 %). Bei Kindern verschwinden die Allergien in vielen Fällen mit dem Heranwachsen, während Allergien bei Erwachsenen meist länger andauern und sich nur in ihrer Ausprägung und Heftigkeit unterscheiden.

3 Ursachen

Die Ursachen für die Entwicklung einer Lebensmittelallergie wurden bereits vielfach untersucht. Eine eindeutige Erklärung gibt es jedoch bis heute nicht. Viele verschiedene Hypothesen legen unterschiedliche Gründe für die Allergieentwicklung nahe.

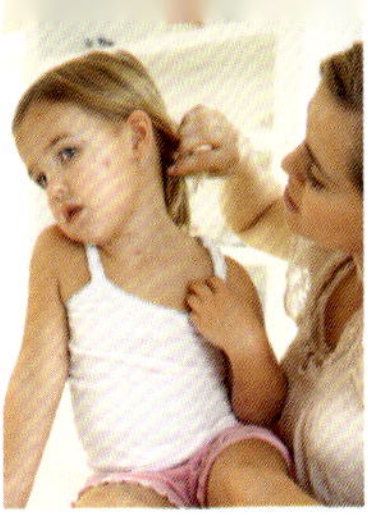

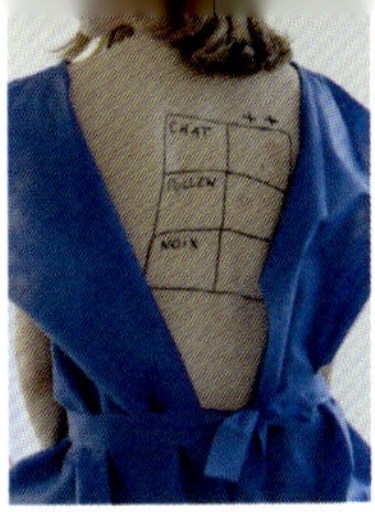

Genetik

Liegt bei den Eltern oder einem Geschwisterkind eines Säuglings eine Allergie vor, so hat auch der Säugling ein erhöhtes Risiko (Disposition), eine Allergie zu entwickeln.

Haben beide Elternteile eine allergische Erkrankung, steigt das Risiko auf 60 %.

Allergierisiko bei Kindern

Familienanamnese	Allergierisiko beim Kind
Kein Elternteil allergisch	< 15 %
Ein Elternteil allergisch	20–40 %
Ein Geschwisterkind allergisch	25–30 %
Beide Elternteile allergisch	60–80 %

Früher wurde vermutet, dass bei Frühgeburten oder bei Säuglingen mit einem geringen Geburtsgewicht ein höheres Allergierisiko bestehe, da der Magen-Darm-Trakt noch nicht vollständig ausgebildet sei. Diese Annahmen konnten jedoch in breit angelegten Studien nicht bestätigt werden.

Kontakt

Damit eine Allergie entstehen kann, muss der Körper mit dieser Substanz in Kontakt kommen und Antikörper bilden.

Lebensmittelallergien können auch nach mehrmaligem Kontakt erstmals auftreten. So ist es möglich, dass ein Lebensmittel bei den ersten Kontakten stets gut vertragen wird, sich aber im Laufe der Zeit eine Überempfindlichkeit entwickelt.

Ebenso ist es umgekehrt möglich, dass Kinder auf ein Lebensmittel allergisch reagieren, dieses aber im Erwachsenenalter durchaus gut vertragen.

Warum Säuglinge und Kinder häufiger unter einer Lebensmittelallergie leiden

Bei Kindern kommen Lebensmittelallergien häufiger vor als bei Erwachsenen, weil die Entwicklung des Magen-Darm-Trakts noch nicht abgeschlossen ist.

Säuglinge sollten erst nach dem ersten Halbjahr mit Kuhmilch ernährt werden und auch nur in Maßen.

Ein Fläschchen am Tag, mit Getreide angerührt, ist genug.

Normalerweise werden Eiweiße (Proteine) in unserem Verdauungstrakt in ihre Bestandteile, die Aminosäuren, zerlegt und gelangen in dieser Form in unser Blut. Bei Säuglingen und Kleinkindern ist das Verdauungssystem allerdings noch nicht völlig entwickelt. Daher wird ein geringerer Anteil an Proteinen in ihre Aminosäuren umgewandelt, während die unzerlegten Proteine in den Dünndarm gelangen. Beim Erwachsenen ist die Dünndarmschleimhaut für unzerlegte Proteine kaum durchlässig, bei Kindern gelangen jedoch auch ganze Proteine vom Dünndarm in den Blutkreislauf. Diese Aufnahme unverdauter Proteine kann zu einer Sensibilisierung und in weiterer Folge zu einer Lebensmittelallergie führen.

Warum Erwachsene Proteine nicht zerlegen können

Auch beim Erwachsenen können bestimmte Umstände dazu führen, dass einige Proteine nicht in ihre Aminosäuren zerlegt werden, wie z. B. Erkrankungen der Bauchspeicheldrüse oder eine verringerte Salzsäureproduktion im Magen. Wenn zusätzlich die Durchlässigkeit der Darmschleimhaut erhöht ist (z. B. durch entzündliche Darmerkrankungen, Alkohol, Koffein oder scharfe Gewürze), steigt auch beim Erwachsenen das Risiko einer Lebensmittelallergie.

Hygienehypothese

Dieser Ansatz besagt, dass der fehlende Kontakt mit Krankheitserregern der Grund für die Entwicklung von Allergien sei. Die Hypothese wird dadurch gestützt, dass Allergien ständig zunehmen, während ein deutlicher Rückgang an Infektionskrankheiten beobachtet werden kann.

Insbesondere Kinder, die selten mit Tieren, Erde und Schmutz in Berührung kommen, sind von allergischen Erkrankungen betroffen.

4 Allergieprävention in der Säuglingsernährung

Um das Risiko einer Allergie bereits im Säuglingsalter zu reduzieren, wurde lange Zeit geraten, vor allem Produkte mit Eiern, Soja, Nüssen, Kuhmilch, Fisch und Weizen im ersten Lebensjahr zu meiden. Nach neuesten wissenschaftlichen Erkenntnissen weiß man, dass diese Vorgehensweise nicht ausreichend belegt ist. Auf bestimmte Lebensmittel zu verzichten, kann Allergien nicht verhindern. Ebenso wenig macht es Sinn, den Beginn der Beikost über den fünften Lebensmonat hinauszuzögern.

Statt Allergene zu meiden, wird heute empfohlen, die Toleranzentwicklung zu fördern. Bis zum vollendeten vierten Lebensmonat ist es sinnvoll, den Säugling ausschließlich zu stillen, da in der Muttermilch wertvolle Inhaltsstoffe enthalten sind, die das Immunsystem des Säuglings stärken. Falls Stillen nicht möglich ist, kann industriell hergestellte Säuglingsmilchnahrung verwendet werden.

> Die **hypoallergene Säuglingsmilchnahrung** wird nur für Säuglinge empfohlen, deren Eltern oder Geschwister mit Allergien belastet sind. Hypoallergene Säuglingsmilchnahrung vorbeugend zu verwenden, so wie es überbesorgte Eltern manchmal praktizieren, macht keinen Sinn. Auch eine Fütterung im zweiten Halbjahr ist unnötig.

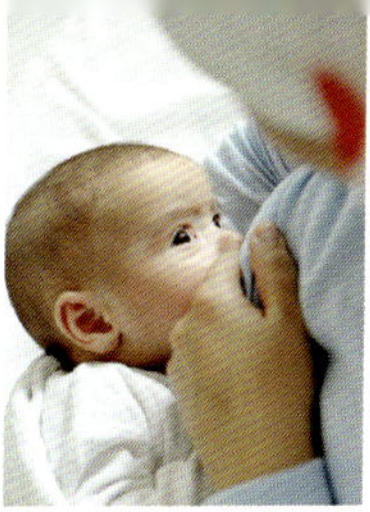

Nach und nach können verschiedene Lebensmittel in die Säuglingsernährung eingegliedert werden, wobei nur jeweils ein neues Lebensmittel pro Woche hinzustoßen sollte. So können Reaktionen auf die einzelnen Bestandteile leicht erkannt werden.

Falls das Kind eine allergische Reaktion auf ein Lebensmittel zeigt, sollte dieses unbedingt gemieden werden. Ebenso ist in diesem Fall eine medizinische Untersuchung unumgänglich, um den Verdacht zu bestätigen und Sicherheit zu erlangen (mehr dazu auf S. 110 ff.).

Grundsätzlich ist es am besten, während der Beikosteinführung weiter zu stillen, um das Allergierisiko zu minimieren. Ansonsten können bei der Einführung von Beikost alle Lebensmittel angeboten werden.

5 Symptome bei Lebensmittelallergien

Die Symptome sind vielfältig und nicht immer eindeutig zuzuordnen. Für eine eindeutige Diagnose sollte daher stets ein Arzt/eine Ärztin konsultiert werden.

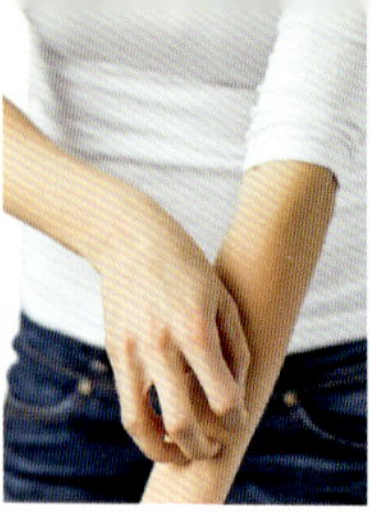

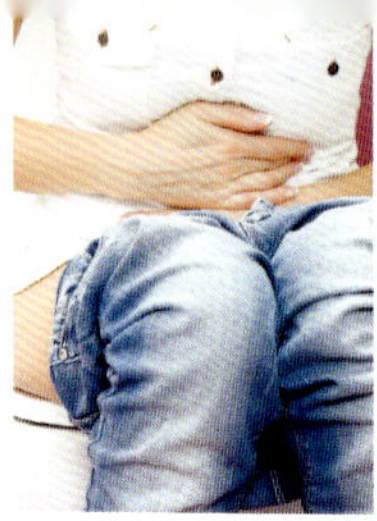

Je nach Art der freigesetzten Botenstoffe werden in den unterschiedlichen Zielgeweben verschiedene Symptome ausgelöst. So können beispielsweise Hände, Lippen, Zunge oder Rachen, die mit dem Lebensmittel in Berührung gekommen sind, mit Rötungen etc. reagieren.

Mögliche Symptome bei Allergen

Haut

- Rötung
- Juckreiz
- Quaddeln
- Nesseln
- Ekzeme
- Ausschläge
- Entzündungen
- Ödeme

Atmungssystem

- Husten
- Schnupfen (rinnende oder verstopfte Nase)
- Atemnot, Schwellung der Atemwege
- Asthma, Kurzatmigkeit
- Schwellung und Juckreiz an den Augen

Verdauungstrakt

- Orales Allergiesyndrom (OAS): Juckreiz und Schwellung im Mundbereich
- Übelkeit
- Erbrechen
- Bauchkrämpfe
- Verstopfung
- Durchfall
- Entzündungen (z. B. Gastritis)

Meist treten die Beschwerden unmittelbar nach dem Genuss des allergenen Lebensmittels auf **(„Sofortreaktion“).** Es gibt jedoch auch verzögerte allergische Reaktionen **(„Spätreaktionen“)**, die erst 48 bis 72 Stunden nach dem Verzehr auftreten.

Die Art der Symptome hängt nicht vom Allergen ab, sondern kann von Person zu Person sehr stark variieren. Manche Menschen verspüren nach dem Genuss eines allergenen Nahrungsmittels nur ein leichtes Kratzen im Hals oder in den Ohren, andere bekommen einen Nesselausschlag am ganzen Körper.

Diese Symptome können sich auch bei der gleichen Allergie stark unterscheiden und umgekehrt bei unterschiedlichen Allergien ähnlich sein. So kann ein Nesselausschlag nicht automatisch mit einer Kuhmilchallergie assoziiert werden, obwohl er ein mögliches Symptom ist. Bei einer Kuhmilchallergie könnten auch Atemnot oder Juckreiz auftreten, während der Nesselausschlag ebenso auf eine Sojaallergie hindeuten könnte.

Natürlich können auch mehrere Symptome gleichzeitig auftreten.

Bei manchen Allergikern spielt auch die Jahreszeit eine bedeutende Rolle für die Heftigkeit der Reaktion (siehe auch Kreuzallergien, S. 58 ff.).

Alkohol, verschiedene Medikamente und Getränke können ebenfalls eine allergische Reaktion auslösen bzw. verstärken. So verspüren Personen, die meist nur eine geringe oder überhaupt keine allergische Reaktion auf ein Lebensmittel zeigen, nach dem Konsum von Alkohol oder bestimmten Medikamenten plötzlich heftige Symptome.

Anaphylaktischer Schock

In sehr seltenen Fällen kann es auch bei Lebensmittelallergien zu einer Schockreaktion des Körpers kommen – dem anaphylaktischen Schock. Dabei wird das Histamin in so großen Mengen ausgeschüttet, dass der Körper damit überfordert ist.

Diese **Reaktion tritt sofort (innerhalb weniger Minuten) nach dem Genuss der Speise ein.** Es kommt zu Blutdruckabfall, Schwindel, Schweißausbrüchen, Übelkeit (in schlimmen Fällen sogar zu Erbrechen), Herzrasen, Atemnot und Bewusstlosigkeit.

Auslöser für einen anaphylaktischen Schock

Auslöser können u. a. Nüsse, Erdnüsse, Samen, Schalentiere, Sellerie, Eier, Käse und Gewürzmischungen sein.

Ohne sofortige Behandlung kann ein anaphylaktischer Schock aufgrund von Kreislaufversagen tödlich enden.

Ein anaphylaktischer Schock – sofort handeln!

Kommt es zu einem anaphylaktischen Schock, muss **sofort die Rettung** alarmiert werden. Ebenso empfiehlt sich die Hochlagerung der Beine, sodass die Durchblutung des Gehirns gewährleistet ist.

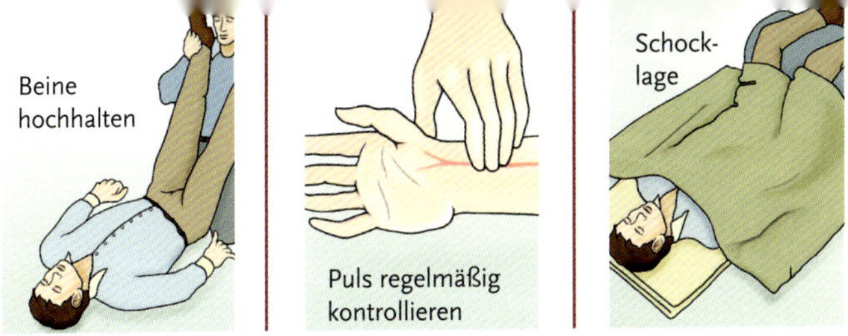

Wenn die Person noch ansprechbar ist

Falls die betroffene Person noch ansprechbar ist oder von einer ihr bekannten Person begleitet wird, sollte unbedingt nach antiallergischen Medikamenten gefragt werden. In den meisten Fällen wird ein anaphylaktischer Schock mit Adrenalin behandelt, manchmal werden auch Antihistaminika oder Cortison verabreicht. Viele Allergiker haben immer ein Notfallset (Adrenalin-Pen) mit.

6 Auslöser von Allergien

Die Auslöser von Lebensmittelallergien sind, im Gegensatz zu Intoleranzen, immer spezifische Eiweißverbindungen, wie z. B. Hühnerei-, Kuhmilch-, Soja- oder Fischeiweiß. Eine allgemeine Eiweißallergie gibt es ebenso wenig wie eine Allergie gegen Kohlenhydrate (z. B. Zucker) oder Fett.

Viele Lebensmittelallergien, die im Säuglings- und Kleinkindalter auftreten, verschwinden beim Heranwachsen. Jedoch bleiben Allergien, die bei Jugendlichen und Erwachsenen auftreten, häufig bestehen. Gelegentlich gibt es Verschiebungen zwischen den einzelnen Allergien (z. B. von einer Milch-

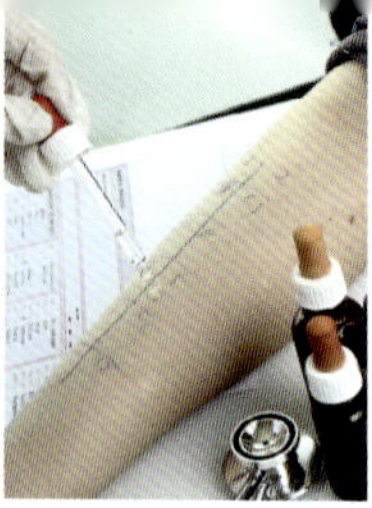

zu einer Sojaallergie oder umgekehrt). Aus diesem Grund ist es durchaus sinnvoll, öfter Allergietests (siehe S. 110 ff.) machen zu lassen.

Grundsätzlich kann man auf jede Eiweißverbindung allergisch reagieren. Es wurde jedoch festgestellt, dass Allergien auch mit den Verzehrgewohnheiten der Person und der Gesellschaft, in der sie lebt, zusammenhängen. In den USA ist z. B. die Erdnussallergie weit verbreitet. In Japan und anderen Regionen, in denen viel Fisch und Schalentiere konsumiert werden, kommen diese Allergien häufiger vor. Auch bestimmte Berufe sind für einige Lebensmittelallergien anfälliger als andere – bei Bäckern konnte beispielsweise ein erhöhtes Risiko einer Lupinenallergie festgestellt werden.

Allergie auslösende Lebensmittel in Österreich und Deutschland

Säuglinge und Kinder	**Erwachsene**
Kuhmilch, Eier, Nüsse, Soja, Fisch, Getreide	Gemüse (z. B. Sellerie), Obst (z. B. Äpfel), Gewürze, Nüsse, Erdnüsse, Fisch, Schalentiere, Kuhmilch

Für Allergiker ist die Allergenauszeichnung ein Segen

Bereits kleinste Mengen des Lebensmittels, gegen das man allergisch ist, lösen die allergischen Symptome aus. Deshalb muss beim Vorliegen einer Allergie streng darauf geachtet werden, dass das Allergen nicht in der Nahrung enthalten ist.

Diese Tatsache machte es bisher für Betroffene sehr schwierig, außer Haus zu essen. Die Angst, das Allergen könnte in einer Speise enthalten sein, war immer gegenwärtig.

aus dem leben

eines allergiebetroffenen

„Prinzipiell gehe ich sehr gerne essen. Leider habe ich aber eine Fischallergie. Das wäre an sich noch nicht das Problem, ich muss ja keinen Fisch essen. Es kann aber passieren, dass ein Gericht Fisch enthält, ohne dass der Kellner darüber Bescheid weiß.

Ich erzähle Ihnen, was mir vor Kurzem passiert ist: Ich aß ein Fleischgericht, das dummerweise mit Worcestersauce gewürzt worden war. Diese enthält jedoch Sardellen. Die wenigsten wissen das, in meinem Fall auch nicht der Kellner.

Ein Außenstehender kann vielleicht nicht nachvollziehen, wie es einem geht, wenn man einen allergischen Schock bekommt. Ich kann nur sagen: Es ist furchtbar. Mein Herz rast, ich bekomme einen entsetzlichen Schweißausbruch, mir ist übel – der ganze Körper spielt verrückt.“

Für Allergiker bedeutet die neue EU-Verordnung eine deutliche Steigerung der Lebensqualität. Durch das wachsende Bewusstsein in der Gastronomie und in der Gemeinschaftsverpflegung wird es für sie nun leichter, auch auswärts essen zu gehen, ohne befürchten zu müssen, dass Allergene in die Speise gelangen und unangenehme Folgen hervorrufen.

7 Kreuzallergien

Unter einer Kreuzallergie versteht man das Phänomen, dass der Körper nicht nur auf ein bestimmtes Allergen sensibilisiert ist bzw. reagiert, sondern die gleiche Reaktion auch auf ein anderes Allergen zeigt.

Zurückzuführen ist dieses Phänomen auf eine Ähnlichkeit in der Eiweißzusammensetzung. Durch die ähnliche Struktur können die Antikörper nicht nur an das ursprünglich Allergie auslösende Eiweiß, sondern auch an das ähnliche Eiweiß binden und lösen dadurch die Ausschüttung von Botenstoffen aus.

Eine besondere Bedeutung hat die Kreuzreaktion zwischen Inhalationsallergenen, z. B. Pollen, und Nahrungsmitteln. Diese Kreuzreaktion wird pollenassoziierte Lebensmittelallergie genannt.

Überblick über pollenassoziierte Kreuzallergien

Hauptallergie	Kreuzreaktion
Gräser- und Getreidepollen	Einige Hülsenfrüchte, Getreide, Paprika, Lupinenmehl
Baumpollen, z. B. Birke	Nüsse, Stein- und Kernobst, Kiwis, Sellerie, verschiedene Gewürze
Kräuter- und Blumenpollen, z. B. Beifuß	Sellerie, Karotten, verschiedene Gewürze und Kräuter
Ragweed (Ambrosia)	Melonen, Bananen

Viele pollenassoziierte Obst- und Gemüsesorten wirken nur im Rohzustand allergen. Werden sie gekocht, bestehen keinerlei Beschwerden. Die hitzelabilen Allergene werden beim Kochen, Braten oder Grillen inaktiviert.

Bei **Äpfeln** reicht es oft bereits aus, diese zu schälen, denn sie beinhalten sehr instabile Allergene, die direkt unter der Schale sitzen. Auch kommt es speziell bei Äpfeln häufig auf die Apfelsorte an, die verzehrt wird.

Sellerie ist ein besonders hartnäckiges Allergen, daher sollte er auch in gekochtem Zustand vermieden werden. Sellerie besitzt sowohl hitzelabile als auch hitzestabile Allergene.

Weitere Kreuzallergien

Hauptallergie	**Kreuzreaktion**
Latex	Bananen, Avocados, Kiwis, Feigen, Buchweizen, Spinat, rohe Kartoffeln, Maroni, Tomaten, exotische Früchte
Hausstaubmilbe	Schalentiere, Weichtiere
Vogelfedern	Eier, evtl. Tomaten, Hülsenfrüchte

frage an den profi

Muss man nun auf alle Lebensmittel verzichten, die mit dem Hauptallergen reagieren können?

Nein, muss man nicht. In der Regel wird die Mehrzahl der kreuzreaktiven Lebensmittel gut vertragen. Meiden sollte man sie nur, wenn Beschwerden auftreten. Es kann sein, dass die Kreuzallergien nur während der Pollensaison auftreten und die entsprechenden Lebensmittel im Herbst oder Winter durchaus vertragen werden.

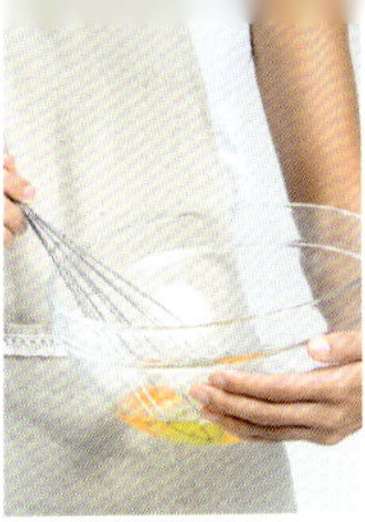

8 Häufige Allergien

Im Hinblick auf die Allergeninformationsverordnung werden nachfolgend speziell Allergien näher erläutert, deren Auslöser in die Liste der Hauptallergene aufgenommen wurden.

Allergie gegen Eier

Eier enthalten fünf wichtige Allergene:

- Ovomucoid (bis über 100 °C hitzestabil)
- Ovalbumin (bis etwa 80 °C hitzestabil)
- Ovotransferrin (hitzelabil)
- Lysozym (hitzelabil)
- Livetine (bis 70 °C hitzestabil, kommen nur im Dotter vor)

Es kann für den Allergiker durchaus von Bedeutung sein, auf welches Allergen er tatsächlich reagiert (siehe Allergietest, S. 112 ff.).

Die meisten Eiallergiker reagieren allergisch auf das Eiklar, seltener auf den Dotter.

Manche Allergiker vertragen hart gekochte und gut durchgebratene Eier sowie Eier in Backwaren. Die meisten Eieiweißallergiker reagieren aber auch auf gut erhitzte Eier und Produkte, in denen Eier enthalten sind.

Durch eine Kreuzverwandtschaft kann bei Hühnereiallergikern auch durch Eier anderer Vogelarten eine Allergie ausgelöst werden. Daher ist die Verwendung von Eiern sämtlicher Arten (z. B. Huhn, Ente, Pute, Wachtel, Gans, Taube, Strauß) zu kennzeichnen.

Kann in der Küche auf Eier verzichtet werden?

Eier werden oft aufgrund ihrer Binde- und Triebwirkung eingesetzt. Der Verzicht auf Eier ist deshalb küchentechnisch eine große Herausforderung. Trotzdem kann man sich mit ein paar Tricks helfen:

Ersatz von Eiern als Bindemittel

- Einmach oder Einbrenn
- Stärkemehle
- Buchweizen
- Reismehl
- Guarkernmehl
- Agar-Agar
- Johannisbrotkernmehl
- Geriebene Kartoffeln
- Sojacreme (nicht bei einer Sojaallergie)
- Gemisch aus Sojamehl und Wasser (nicht bei einer Sojaallergie)

Ersatz von Eiern als Triebmittel

- Gemisch aus Wasser, Pflanzenöl und Backpulver (1 Ei = 2 EL Wasser, 1 EL Pflanzenöl, 1/2 TL Backpulver)
- Mineralwasser
- Schlagobers (Sahne)
- Lauwarmes Wasser mit Germ (Hefe)

Produkte, in denen Eier enthalten sein können

- Brot und Gebäck
- Kuchen, Torten, Kekse, Süßspeisen, Baiser-Waren (Meringues)
- Paniermehl und panierte Speisen
- Aufläufe
- Wurstwaren
- Teigwaren, Knödel
- Fertigkartoffelzubereitungen wie Kartoffelknödel
- Fertigspeisen wie Fischgerichte, Pasteten, Salate, faschierte Laibchen, Beef tartare
- Eierspeisen, wie z. B. Palatschinken und Omelette
- Saucen, Marinaden, Mayonnaise, Dessertsaucen
- Suppen
- Schokolade, Pralinen, Schaumzuckerware, Zuckerwatte, türkischer Honig
- Schokocremen, Nuss-Nougat-Cremen, Kakaogetränke
- Margarine mit Eidotter
- Liköre
- Aperitif (z. B. Campari), Wein, Säfte (Ei wird zur Klärung eingesetzt, leichte Rückstände könnten noch vorhanden sein)

Vorsicht bei folgenden Zutaten

- Eidotter, Eigelb, Eiweiß, Eiklar, Eiöl, Eipulver, Eiprodukt, Eiprotein
- Flüssigei, Flüssigdotter, Flüssiggelb, Flüssigweiß, Flüssigklar
- Gefrierei, Gefrierdotter, Gefriergelb, Gefrierweiß, Gefrierklar
- Trockenei, Trockendotter, Trockengelb, Trockenweiß, Trockenklar
- Makronenmasse
- Tierisches Eiweiß/Fett/Öl
- Lysozym (E 1105)
- Hühnereilecithin
- Alle Produkte mit der Vorsilbe „ovo"

tipp
vom profi

Einige Hühnereiallergiker zeigen auch Reaktionen, wenn sie Geflügel essen oder mit Federn in Kontakt kommen. Hier ist Vorsicht bei Daunendecken und Daunenpolstern angesagt. Letzteres ist besonders für Hoteliers interessant.

Tipps für die Ernährung

Bei einer Allergie gegen Eier ist es wichtig, den Eiweißbedarf aus anderen Quellen zu decken. Hierzu eignen sich beispielsweise Milchprodukte, Fisch, Fleisch, Hülsenfrüchte und (Vollkorn-)Getreideprodukte.

Allergie gegen Milch

Etwa 2 bis 7 % aller Säuglinge und Kleinkinder leiden an einer Milcheiweißallergie, bei Erwachsenen ist es noch ca. 1 %.

Es sind etwa 25 verschiedene Eiweiße aus der Milch bekannt, einige davon sind hitzebeständig, andere werden durch Hitze zerstört. Daher ist es durchaus möglich, dass man bei einer Allergie gegen ein bestimmtes Milcheiweiß erhitzte Milchprodukte gut verträgt, während andere Milchallergiker keinerlei Milchprodukte zu sich nehmen können.

Eine Milcheiweißallergie (nicht zu verwechseln mit einer Laktoseintoleranz, siehe S. 87 ff.) kann bei Säuglingen und Kleinkindern bis zum sechsten Lebensjahr wieder verschwinden.

Prinzipiell kann jedes Milcheiweiß oder eine Kombination mehrerer Eiweiße eine allergische Reaktion auslösen, die heikelsten sind das Casein und das Molkenprotein.

Allergie gegen Casein

Bei einer Allergie gegen Casein muss auf alle Milcharten und daraus hergestellte Produkte verzichtet werden. Casein ist in jeder Milchart enthalten, auch in Ziegen-, Schaf- und Stutenmilch. Aus diesem Grund ist das Vorkommen von Milch und Milchprodukten sämtlicher Milcharten (z. B. Schaf, Ziege, Büffel, Pferde) zu kennzeichnen.

tipp
vom profi

Teilweise wird bei einer Caseinallergie verdünntes Obers vertragen, eine gute Alternative ist in jedem Fall Reis-, Soja- oder Hafermilch.

Allergie gegen Molkenprotein

Hier sind insbesondere das Alpha-Lactalbumin und das Beta-Lactoglobulin zu erwähnen. Diese zwei Molkenproteine kommen nur in der Kuhmilch vor und sind hitzeempfindlich.

Wer auf diese Molkenproteine allergisch reagiert, verträgt eventuell gekochte Milchprodukte. Falls auch gut erhitzte Milch-

produkte Beschwerden auslösen, kann man bei einer Allergie gegen Molkenprotein auf andere Milcharten ausweichen.

Testen lohnt sich

Es lohnt sich, austesten zu lassen, auf welches spezifische Eiweiß man allergisch reagiert. So kann man die entsprechenden Milchprodukte weglassen oder austauschen.

Produkte, in denen Milch enthalten sein kann

- Alle klassischen Milchprodukte
- Brot und Gebäck
- Brösel/Paniermehl, Panaden
- Kuchen, Torten, Kekse und Backmischungen
- Streich- und Bratfett, milcheiweißhaltige Margarine
- Wurstwaren, panierte Fleischgerichte
- Formfleisch
- Fischwaren in Marinaden und Saucen, panierte Fischspeisen
- Diverse Süßspeisen wie Pudding, Pannacotta, Milchspeiseeis, Grießkoch, Instantprodukte
- Schokolade, Karamellbonbons, Nougat, Nougataufstriche, Schokoriegel, Pralinen
- Kakaofertigmischungen

- Fertiggerichte und Fertigsaucen, Ketchup, Senf, Mayonnaise, Instantsaucen
- Kartoffelprodukte
- Milchersatzprodukte wie Sprühschaum, Kaffeeweißer, Schlagcremen
- Instantgetränke, Fruchtsäfte, Liköre

Vorsicht bei folgenden Zutaten

- Butter, Buttermilch, Butterschmalz
- Crème fraîche
- Joghurt
- Käse
- Kasein, Kaseinate
- Kefir
- Kondensmilch
- Laktalbumin(Lactalbumin)
- Laktoglobulin (Lactoglobulin)
- Magermilch, Magermilchpulver
- Molke, Molkeneiweiß, Molkeerzeugnis, Molkepulver
- Obers, Schlagobers, Sahne, Schlagrahm
- Sauerrahm
- Sauermilch
- Topfen/Quark
- Vollmilch, Vollmilchpulver

Milchsäure (E 270, Lactat) ist ein Zusatzstoff. Er wird als Konservierungsmittel, Antioxidationsmittel oder Säuerungsmittel eingesetzt, enthält jedoch kein Milcheiweiß. Auch reiner **Milchzucker (Laktose)** enthält kein Milcheiweiß und ist daher für Kuhmilchallergiker verträglich. Aber Vorsicht: Für Menschen mit Laktoseintoleranz ist er unverträglich.

tipp

vom profi

Je mehr Fett ein Milchprodukt enthält, desto niedriger ist sein Eiweißgehalt. Daher kann es vorkommen, dass Milcheiweißallergiker Butter oder Schlagobers essen können. Dies ist jedoch immer durch ärztliche Absprache zu klären.

Tipps für die Ernährung

In jedem Fall müssen Milchallergiker darauf achten, ihren Bedarf an Eiweiß, Kalzium und Vitamin D durch andere Quellen zu decken. Die Eiweißzufuhr kann durch Fisch, Fleisch, Eier, Hülsenfrüchte, Sojaprodukte und (Vollkorn-)Getreide gewährleistet werden. Für eine ausreichende Versorgung mit Kalzium sollte auf kalziumreiche Mineralwässer und Gemüsesorten wie Brokkoli, Spinat sowie Nüsse zurückgegriffen werden. Vitamin D ist in fetten Meerwasserfischen, Leber und Kalbfleisch enthalten und kann außerdem durch eine ausreichende Sonneneinstrahlung im Körper gebildet werden.

Allergie gegen Nüsse, Erdnüsse und Samen

Da Nüsse verschiedenen Pflanzenfamilien angehören, gibt es nicht „eine“ Nussallergie, sondern viele verschiedene. Meist ist man gegen eine spezifische Nussart allergisch, während die anderen gut vertragen werden. Kreuzallergien unter Nüssen gibt es selten, Kreuzreaktionen mit Pollenallergien kommen jedoch häufig vor.

Nüsse haben ein **starkes allergenes Potenzial.** In der Regel sind sie hitzestabil, d. h., sie können auch in verarbeitetem Zustand allergische Symptome hervorrufen.

Bei **Mandeln** kann es hilfreich sein, sie zu schälen, um das allergene Potenzial zu verringern.

Haselnüsse gelten in unseren Breiten als die häufigsten Auslöser von Nussallergien. Seltener kommen Walnuss-, Pekannuss-, Pistazien- oder Cashewnussallergien vor.

Erdnüsse gehören botanisch gesehen zu den Hülsenfrüchten, werden aber im allgemeinen Sprachgebrauch ebenfalls zu den Nüssen gezählt. Erdnussallergien kommen sehr häufig in Nordamerika vor, etwas seltener in Europa.

Laut der EU-Verordnung 1169/2011 müssen folgende Nussarten gekennzeichnet werden:

- Mandeln
- Haselnüsse
- Walnüsse
- Cashewnüsse (Kaschunüsse)
- Pekannüsse
- Paranüsse
- Pistazien
- Macadamia-/Queenslandnüsse
- Erdnüsse müssen extra gekennzeichnet werden. Sie werden nicht zu den Schalenfrüchten gezählt.

Allergische Reaktionen auf Samen (z. B. Sesamsamen, Sonnenblumenkerne, Mohn, Leinsamen) sind relativ selten. Auch hier reagieren Pollenallergiker besonders heftig.

Aus Pflanzensamen und Nüssen werden häufig **Öle** gepresst. Bei hochgereinigten Ölen ist das Eiweiß der Ausgangsfrucht meist vollständig entfernt. Darauf kann man sich jedoch nicht immer verlassen. Daher wird Allergikern geraten, die jeweiligen Öle zu meiden.

Einige Öle aus Samen und Nüssen, die Allergien auslösen können, sind z. B. Sesamöl, Erdnussöl, Haselnussöl, Walnussöl, Sonnenblumenöl, Leinöl.

Produkte, in denen Nüsse und Samen enthalten sein können

- Brot, Gebäck (Nussbrot, Burgerbrötchen mit Sesam ...)
- Kuchen, Torten, Kekse, Schaumwaren, türkischer Honig
- Pralinen, Schokolade, Schokoladencremen, Schokoriegel, Nougat
- Nussmus, z. B. Erdnussmus, Erdnussbutter, Nougatcremen
- Marzipan, Persipan, Krokant, Glasuren
- Studentenfutter, Müslimischungen
- Cremen, Puddings, Eis
- Saucenbinder
- Nusssnacks, Studentenfutter
- Gewürzmischungen
- Gomasio (gerösteter Sesam mit Salz)
- Hummus
- Falafeln, Produkte aus der orientalischen Küche
- Senf

Senf

Senf wird aus den Samenkörnern des Weißen, Braunen und Schwarzen Senfs hergestellt.

Senf hat ein hohes allergenes Potenzial. Bereits kleinste Mengen können zu einem schweren anaphylaktischen Schock führen!

Senfeiweiß ist hitzestabil, selbst eine starke Erhitzung kann das allergene Potenzial nicht mindern.

Produkte, in denen Senf enthalten sein kann

- Senfkörner, Senfpulver
- Würzpasten wie Senf und Mostrich
- Fertigsauen und -würzen
- Salatsaucen und -marinaden
- Mayonnaise, Ketchup, Grillsaucen
- Fleisch- und Fischgerichte
- Wurstprodukte
- Fertigprodukte
- Saure und süße Konserven wie Mixed Pickles, Chutneys, Gewürzgurken
- Gewürze (z. B. Curry)

Allergie gegen Soja

Soja ist ein sehr starkes Allergen. Besonders im Säuglings- und Kleinkindalter zählt Soja neben Milcheiweiß zu den wichtigsten Allergenen. Dies ist besonders zu berücksichtigen, wenn Sojamilch als Milchersatz für Kinder mit einer Kuhmilchallergie herangezogen wird. Etwa 15 bis 50 % der Kinder mit einer Kuhmilchallergie entwickeln gleichzeitig eine Allergie gegen Sojaeiweiß.

Soja besteht aus verschiedenen Eiweißen von unterschiedlicher allergener Potenz. Manche Allergiker reagieren nur auf die hitzelabilen Inhaltsstoffe, sodass sie gegarte Produkte gut vertragen. Dies ist aber im Einzelfall immer abzuklären.

Produkte, in denen Soja enthalten sein kann

- Miso
- Tofu, Natto, Sufu
- Tamari, Shoyu (Soju)
- Tempeh
- Würzmittel, Sojasaucen, Worcester(shire)sauce, Gewürzmischungen, pflanzliche Suppenwürfel
- Sojabohnen, Sojamehl etc.
- Brot und Gebäck (z. B. Sojaschrot)
- Fertiggerichte (z. B. mit Sojabohnen, Sojasprossen, speziellen Gewürzen)
- Aufstriche
- Margarine, Speiseöle und -fette
- Fleisch- und Wurstwaren
- Kaffeeweißer
- Suppen, Salatsaucen, Mayonnaisen, Ketchup
- Diätprodukte, Kindernährmittel und Babykost

Vorsicht bei folgenden Zutaten

- Backmittel, Bindemittel
- Diätsojagetränk, Sojagetränk
- Fleischimitat (TVP)
- Gewürzmischung
- Hülsenfrüchte

- Leguminosen, Leguminosenmehl
- Milchersatz
- Okara
- Pflanzenprotein, Pflanzeneiweiß
- Sojaflocken, Sojamehl, Sojamilch, Sojaöl, Sojapaste, Sojasprossen, Sojasauce
- Stabilisator

Sojaprodukte dienen in der vegetarischen und veganen Küche häufig als Ersatz für Fleisch, Milchprodukte und andere tierische Produkte. Insbesondere Sojamehl wird aufgrund seiner emulgierenden Eigenschaften gerne als Ei-Ersatz genutzt.

Generell werden Sojaprodukte häufig als Zutat in diversen Lebensmitteln wie Brot und Backwaren, Suppen(-pulver), Margarine, Saucen und Süßwaren verwendet. Daher ist bei einer Sojaallergie die Zutatenliste von verpackten Lebensmitteln genau zu beachten.

Tipps für die Ernährung

Bei einer Sojaallergie ist es besonders wichtig, den Eiweißbedarf durch alternative Produkte zu decken. Dies ist unter anderem durch Fisch, Fleisch, Eier und Milchprodukte möglich.

Bei einer veganen Ernährung sind Hülsenfrüchte, Reis- und Hafermilch sowie Vollkornprodukte unverzichtbar. Um Mangelerscheinungen zu vermeiden, ist hier eine professionelle Ernährungsberatung sehr zu empfehlen.

Allergie gegen Fisch

Neben Eiern und Milch ist Fisch der stärkste Auslöser von Nahrungsmittelallergien.

Häufige Allergieauslöser sind Salzwasserfische (z. B. Kabeljau, Hering), weniger brisant sind im Allgemeinen die Süßwasserfische (z. B. Forelle), die meist gut vertragen werden.

Aufgepasst bei Dampfgarer & Co.!

Beim Garen im Dampfgarer, Konvektomat oder Backofen können kleinste Partikel von Fischallergenen auf gleichzeitig mitgegarte Speisen ohne Fisch übergehen. Daher sollte Fisch nicht gleichzeitig mit fischfreien Speisen im selben Gerät zubereitet werden.

Allergien gegen Fische können oft schon durch den Geruch, z. B. im Hafen oder auf dem Fischmarkt, ausgelöst werden. Aber auch kleinste Mengen beim Verzehr können eine allergische Reaktion auslösen.

Sehr empfindliche Fischallergiker reagieren auch allergisch auf Eier von Hühnern, die mit Fischmehl gefüttert wurden.

Bei Thunfisch in Dosen ist es möglich, dass eine allergische Reaktion nicht durch das Fischeiweiß ausgelöst wird, sondern eine Histaminintoleranz (siehe S. 94 ff.) vorliegt – hier ist in jedem Fall eine genaue Abklärung nötig.

Bei geräucherten Fischen kann eine allergische Reaktion auch durch verwendete Gewürze bzw. Gewürzmischungen ausgelöst werden.

Produkte, in denen Fisch enthalten sein kann

- Fischkonserven
- Fertigprodukte
- Fischfonds, Fischextrakt, Fischsaucen
- Gerichte wie Paella, Pizza, Pasta, Salate mit Fisch
- Anchovis
- Aufstriche
- Worcester(shire)sauce (enthält Sardellen)
- Lebertran, Fischölkapseln
- Margarine (kann gehärtete Fischöle enthalten)

Vorsicht bei folgenden Zutaten

- Anchovispaste, Anchosen
- Kaviar, Ossietra, Beluga, Sevruga
- Fischöl
- Kronsild, Sild
- Lachsersatz

Tipps für die Ernährung

Da auch Fisch eine wichtige Eiweißquelle in unserer Ernährung ist, sollte bei einer Fischallergie auf alternative Lebensmittel wie Fleisch, Eier, Milchprodukte, Vollkornprodukte und Hülsenfrüchte zurückgegriffen werden.

Auch Jod ist ein Nährstoff, den wir zu einem großen Teil aus Fisch beziehen. Wenn Fisch nicht vertragen wird, ist es ratsam, zu jodiertem Speisesalz zu greifen, um den Jodbedarf zu decken.

Allergie gegen Krebstiere und Weichtiere

Krebstiere

- Garnelen (Shrimps, Krevetten)
- Scampi
- Hummer
- Langusten
- Krebse
- Krabben

Weichtiere

- Schnecken
- Muscheln
- Tintenfische (Kalmare, Sepien, Kraken)
- Seeigel

Krebs- und Weichtierallergien haben nichts mit einer Fischallergie zu tun. Hier handelt es sich um verschiedene Familien. Die Reaktionen treten meist direkt nach dem Verzehr auf und sind daher relativ leicht dem Allergen zuzuordnen. Liegt eine Allergie vor, muss gänzlich auf diese Produkte verzichtet werden.

Allergiker, die auf Hausstaubmilben reagieren, können aufgrund einer Kreuzreaktion auf Schalen- oder Weichtiere ebenfalls allergisch reagieren.

Produkte, in denen Krebstiere oder Weichtiere enthalten sein können

- Muschelkonserven u. Ä.
- Surimi (feste Masse aus zerkleinertem Fisch)
- Sashimi (Zubereitung aus rohem Fisch und Meeresfrüchten)
- Fertigprodukte
- Gerichte wie Paella, Pizza, Pasta, Salate mit Schalentieren und/oder Weichtieren

Allergie gegen Getreide

Das **stärkste Allergen unter den Getreidearten ist der Roggen, gefolgt vom Weizen.**

Getreideallergene sind teilweise hitzelabil, d. h., hier ist die Backzeit entscheidend. Roggenbrote werden meist lange gebacken, Produkte aus Weizen, z. B. Baguette oder Kekse, eher kürzer.

Wer unter einer Getreideallergie leidet, sollte dennoch auf die jeweilige Getreidesorte komplett verzichten.

Eine Allergie gegen Weizen ist sehr selten. Nur 0,1 bis 0,5 % der Bevölkerung leiden unter einer tatsächlichen Weizenallergie. Getreideallergiker müssen aber nicht nur beim Verzehr aufpassen – bereits das Einatmen der Getreidesporen bei der Getreideverarbeitung kann zu einer Inhalationsallergie führen.

Echte Getreideallergien haben nur wenig mit einer Zöliakie (Glutenunverträglichkeit, siehe S. 97 ff.) zu tun. Häufig entstehen sie aufgrund einer Kreuzreaktion (siehe S. 59) mit Gräser- und Getreidepollen.

Produkte, in denen Getreide enthalten sein kann

- Brot und Gebäck
- Teigwaren, Knödel, Gnocchi
- Kuchen, Torten und Kekse, Schokoriegel
- Schokoladen- und Haselnussschnitten
- Fertiggerichte
- Suppen
- Saucen, Saucenbinder
- Bier, malzhaltige Getränke wie Ovomaltine, Malzkaffee
- Einige Wurstwaren
- Weizenstärke, je nach Auswaschgrad

Vorsicht bei folgenden Zutaten (je nach allergener Getreideart)

- Weizen, Weizenprotein, Weizeneiweiß, Weizenkleber, Hartweizen, Hartweizengrieß
- Dinkel
- Grünkern
- Kamut/Khorasanweizen
- Emmer
- Einkorn, Urkorn
- Roggen
- Gerste
- Hafer
- Bulgur
- Couscous
- Malz
- Paniermehl, Semmelmehl
- Vitalkleber, Pflanzeneiweiß
- Mehl, Graupen, Grieß, Flocken, Kleie, Schrot

Allergie gegen Sellerie

Eine allergische Reaktion auf Sellerie geht sehr oft mit einer Kreuzreaktion (siehe Kreuzallergien, S. 59) auf Pollen, Gewürze und Kräuter einher. Sellerie kann sowohl in rohem als auch in gekochtem Zustand allergische Reaktionen hervorrufen.

Küchentechnisch ist eine Allergie gegen Sellerie eine Herausforderung, da in fast jeder Suppe Sellerie als Geschmacksgeber enthalten ist. Auch in vielen Gewürzmischungen ist Sellerie enthalten und wird gerne als Aroma eingesetzt.

Produkte, in denen Sellerie enthalten sein kann

- Suppenwürfel, Fertigsuppen
- Konservengerichte
- Klare Gemüse- und Fleischsuppen, Suppenfonds
- Gerichte, die mit Suppe aufgegossen werden (z. B. Kartoffelsalat)
- Gewürzmischungen, Gewürzsalze
- Rohkost und Salate (z. B. Waldorfsalat)
- Saucen für Fleischspeisen
- Wurstwaren (z. B. Toastschinken)

Allergie gegen Lupinen

Lupinen sind grundsätzlich als Gartenblumen bekannt, wurden jedoch auch als Ersatzprodukt für die Erzeugung glutenfreier Lebensmittel entdeckt.

Lupinenmehl, Eiweißkonzentrat, Lupinenkleie oder Lupinenballaststoffkonzentrate werden für die Herstellung glutenfreier Produkte, hauptsächlich Backwaren, verwendet. Sie werden aber auch einigen Fertigprodukten zugesetzt.

Lupinenmehl hat eine hohe Wasserbindungskraft und kann deshalb statt Ei oder Sojamehl als Bindemittel eingesetzt werden. Lupinenmehl gibt Backwaren eine feine Krume, eine gelbe Farbe und hat gute emulgierende Eigenschaften.

Lupineneiweiß enthält weitgehend hitzestabile Eiweiße. Diese können Kreuzreaktionen mit anderen Hülsenfrüchten

hervorrufen. Besonders hervorzuheben ist die Kreuzreaktion bei Erdnussallergikern. Anfällig für eine Lupinenallergie sind auch Bäcker, da vielen Broten aufgrund der guten technologischen Eigenschaften und des nussigen Geschmacks Lupinenprodukte beigemengt werden.

In Frankreich ist die Lupinenallergie besonders häufig, hier stehen Lupinenprodukte an vierter Stelle in der Reihenfolge von Lebensmitteln, durch die ein anaphylaktischer Schock hervorgerufen wird.

Produkte, in denen Lupinen enthalten sein können

- Backwaren, besonders glutenfreie Produkte
- Fertiggerichte, besonders für Zöliakiepatienten
- Topfengerichte
- Würste
- Tofu
- Flüssigwürze
- Vegetarische Laibchen (Bratlinge)
- Aufstriche
- Teigwaren
- Kaffeeersatz

LEBENSMITTEL-INTOLERANZEN

Grundsätzlich versteht man unter einer Lebensmittelintoleranz eine Unverträglichkeitsreaktion auf Nahrungsmittel, die – im Gegensatz zur Allergie – nicht durch das Immunsystem zustande kommt.

Intoleranzen umfassen Stoffwechselerkrankungen, enzymatische Defekte, Medikamentenunverträglichkeiten oder auch pseudoallergische Reaktionen. Darüber hinaus können Lebensmittelintoleranzen auch als Folgeerscheinung von Magen-Darm-Erkrankungen oder aufgrund psychosomatischer Störungen auftreten.

In den meisten Fällen beruht die Intoleranz auf einem angeborenen oder im Laufe des Lebens erworbenen Enzymdefekt. Beispiele für solche Enzymdefekte sind die Laktoseintoleranz, Fruktoseunverträglichkeiten und die Histaminintoleranz.

Da die einzelnen Intoleranzen sehr unterschiedliche Ursachen und Auswirkungen aufweisen, können kaum allgemeine Aussagen darüber getroffen werden.

1 Symptome bei Intoleranzen

Die meisten Symptome beschränken sich auf den Magen-Darm-Trakt, wie:

- Blähungen,
- Durchfall,
- Verstopfung,
- Bauchschmerzen und
- Bauchkrämpfe.

Aber auch Kopfschmerzen und Migräne sind mögliche Anzeichen.

Diese Symptome können auf eine Lebensmittelintoleranz hinweisen, es sind allerdings auch andere Ursachen, wie z. B. Magen-Darm-Viren oder bakterielle Erkrankungen, möglich. Daher ist es besonders wichtig, bei Verdacht auf eine Lebensmittelunverträglichkeit eine medizinische Diagnose einzuholen (siehe Diagnostik, S. 110 ff,).

2 Auslöser von Intoleranzen

Die Auslöser von Lebensmittelintoleranzen können sehr vielfältig sein. Im Gegensatz zu Lebensmittelallergien können Intoleranzen nicht nur von Proteinen, sondern auch von Kohlenhydraten, wie z. B. Laktose (Milchzucker) oder Fruktose (Fruchtzucker), sowie von sonstigen Substanzen (z. B. Sulfiten, Glutamat oder anderen Zusatzstoffen) ausgelöst werden. Selbstverständlich ist es ebenso möglich, dass Proteine Lebensmittelunverträglichkeiten auslösen, die jedoch keinen immunologischen Hintergrund haben (z. B. Gluten, Histamin).

Die Menge macht's – manchmal mehr, manchmal weniger

Die Menge, die eine Intoleranz auslöst, kann individuell sehr stark variieren. Dabei kommt es nicht nur auf die Art der Intoleranz an, sondern auch auf die individuelle Ausprägung bei der betroffenen Person. So kann Laktose bei manchen Menschen bereits in kleinsten Mengen eine Reaktion hervorrufen, während andere Personen Produkte mit einem geringen Laktosegehalt (z. B. bestimmte Käsesorten) vertragen und nur bei großen Laktosemengen Symptome zeigen.

1 + 1 = gut oder schlecht?

Auch die Kombination verschiedener Stoffe kann die Beschwerden mindern oder verstärken. So kann die Unverträglichkeitsreaktion bei einer Fruktosemalabsorption (Fruchtzuckerunverträglichkeit) beispielsweise durch die gleichzeitige Zufuhr von Glukose (Traubenzucker) abgeschwächt werden, während Sorbit (Süßungsmittel) die Beschwerden verschlimmert.

Auch Alkohol ist eine Substanz, die einige Unverträglichkeitsreaktionen verstärkt und daher speziell bei Lebensmittelunverträglichkeiten mit Vorsicht zu genießen ist.

3 Häufige Intoleranzen

Laktoseintoleranz (Milchzuckerunverträglichkeit)

Die Laktoseintoleranz bezeichnet die **Unverträglichkeit gegenüber Laktose**, auch **Milchzucker** genannt. Da es sich bei der Laktose um ein Kohlenhydrat in der Milch handelt, wird deutlich, dass es sich hier um eine Intoleranz handelt, die sich klar von der Kuhmilchallergie abgrenzt.

Bei einer Laktoseintoleranz handelt es sich um einen **Enzymdefekt im Verdauungssystem:** Das Enzym **Laktase,** das den Zweifachzucker Laktose üblicherweise in die beiden Einfachzucker Glukose und Galaktose aufspaltet, fehlt oder ist nicht in ausreichender Menge vorhanden.

Die Laktose gelangt daher unverdaut in tiefere Darmabschnitte. Dort wird sie von Milchsäurebakterien zu Milchsäure, Essigsäure, Kohlendioxid und Wasserstoff abgebaut. Diese Stoffe verursachen die typischen Beschwerden wie **Blähungen, Bauchkrämpfe, Erbrechen und Durchfall,** was in besonders schweren Fällen bis zur Dehydration und zu Störungen im Elektrolytstoffwechsel führen kann.

Rund 20 bis 25 % der europäischen Bevölkerung leiden an einer Laktoseunverträglichkeit. Zu unterscheiden ist zwischen der angeborenen und der erworbenen Laktoseintoleranz.

Angeborene Laktoseintoleranz

Sie ist eine seltene Erbkrankheit, die bereits bei Neugeborenen auftritt und festgestellt werden kann, sobald laktosehaltige Lebensmittel (auch Muttermilch enthält Laktose!) aufgenommen werden. Beim Verzehr des Milchzuckers treten sehr schwere Durchfälle auf, da das Enzym Laktase, das die Laktose spaltet, zur Gänze fehlt.

Primär erworbene Laktoseintoleranz

Bei den Betroffenen sinkt die Laktaseaktivität im Laufe des Heranwachsens langsam unter einen bestimmten Schwellenwert. Dieser Rückgang ist ein normaler physiologischer Vorgang, der beim Großteil der Weltbevölkerung zu beobachten ist.

Afrikaner, Asiaten und australische Ureinwohner sind beinahe völlig laktoseintolerant, während bei Kaukasiern (hellhäutigen Europäern) vermutlich eine Mutation stattfand, die dazu führte, dass die Laktaseaktivität nicht abnahm.

Sekundär erworbene Laktoseintoleranz

Sie tritt als Konsequenz bestimmter Erkrankungen auf, wie beispielsweise von Gastroenteritis, chronischen Darmerkrankungen, Zystischer Fibrose oder Zöliakie (siehe S. 97 ff.).

Diagnose

Falls der Verdacht auf eine Laktoseintoleranz besteht, sollte dies unbedingt ärztlich abgeklärt werden.

Die zuverlässigste Methode ist neben dem Wasserstoff-Atemtest (siehe S. 118 f.) der **orale Laktosebelastungstest.** Bei diesem Testverfahren werden ca. 50 g Laktose in 500 ml Wasser aufgelöst und dem Patienten gegeben. Anschließend wird der Anstieg des Glukosegehalts im Blut im 15-Minuten-Abstand gemessen.

Da Laktose zu Glukose und Galaktose abgebaut wird, steigt der Glukosegehalt im Blut beim gesunden Menschen an. Ist der Anstieg jedoch zu gering (unter 20 mg Glukose/100 ml Blut), liegt eine Laktoseintoleranz vor.

Was ist zu tun?

Da die Laktoseintoleranz in unterschiedlichen Schweregraden vorkommen kann, ist auch die Behandlung dementsprechend unterschiedlich.

Beim absoluten Fehlen des Enzyms Laktase muss auf laktosehaltige Produkte gänzlich verzichtet werden. In den meisten Fällen ist das Enzym jedoch vorhanden, weist allerdings eine verringerte Aktivität auf. In diesem Fall wird eine gewisse Laktosemenge gut vertragen.

Eine laktosefreie Ernährungsform bedeutet, dass nicht mehr als 1 g Milchzucker am Tag gegessen werden sollte. Laktosefreie Lebensmittel sind solche, die < 0,1 g Laktose pro 100 g Lebensmittel enthalten.

Welche Menge noch vertragen wird, muss jeder selbst vorsichtig herausfinden.

Wie sieht es mit Käse aus?

Viele Hart- und Schnittkäsesorten sind laktosearm und werden in der Regel von laktoseintoleranten Personen gut vertragen, da durch die Fermentation die Laktose zum größten Teil abgebaut wird.

Der Reifegrad macht's

Der Laktosegehalt von Käse ist auch vom Reifegrad des Käses abhängig. Je länger ein Käse reift, desto weniger Laktose enthält er.

Produkte, in denen Laktose enthalten sein kann

- Milch und Milchprodukte, Molkenpulver oder Milchpulver, Milchprodukte von Schaf, Ziege oder Stute
- Frischkäse und Topfen (Quark)
- Gebäck mit Milch, aber auch Semmelbrösel (Paniermehl)
- Kuchen, Torten, Kekse, Schokoriegel, Backmischungen
- Müsli
- Milchschokolade, Pralinen, Nougat
- Milchspeiseeis, Puddings, Desserts
- Kakaofertigmischungen
- Margarine mit Milchbestandteilen
- Wurstwaren
- Gebackenes, wie z. B. Schnitzel, Fertiggerichte
- Fertige Kartoffelprodukte, wie Püree, Knödel, Kroketten
- Fertigsaucen, Salatsaucen, Ketchup
- Milchersatzprodukte, wie z. B. Kaffeeweißer
- Fertigsuppen und sonstige Fertigspeisen
- Saucenbinder
- Süßungsmittel in Tablettenform
- Medikamente

Als Alternative bietet der Handel inzwischen eine Reihe von laktosefreien (Milch-)Produkten an.

Fruktoseunverträglichkeiten (Fruchtzuckerunverträglichkeiten)

Fruktosemalabsorption

Bei einer Fruktosemalabsorption funktioniert der Abbau der Fruktose (des Fruchtzuckers) nicht richtig. Auch bei gesunden Menschen ist die physiologische Aufnahmekapazität von Fruktose begrenzt. Sie liegt bei 35 bis 50 g pro Stunde. Bei einer Störung liegt die Aufnahmekapazität bei < 25 g pro Stunde. Bei einer höheren Aufnahme kommt es zu Beschwerden wie **Bauchschmerzen, Blähungen und Durchfall.**

Die Ursache ist vermutlich eine Störung im Transportsystem der Fruktose vom Darm ins Blut – die Fruktose bleibt im Darm. Die gleichzeitige Anwesenheit von Sorbit (ein Zuckeralkohol, der unter anderem als Süßungsmittel oder Emulgator eingesetzt wird, E 420) kann die Symptome verschlimmern, da die Aufnahme von Fruktose ins Blut verhindert wird. Glukose (Traubenzucker) dagegen kann die Aufnahme von Fruktose ins Blut erhöhen. Daher wird Obst, das die gleiche Menge an Fruktose und Glukose enthält, oft besser vertragen.

Gut vertragen werden beispielsweise Ananas, Bananen, Grapefruits und Mandarinen.

Diagnose

Die Diagnose der Fruktosemalabsorption erfolgt über die Eliminationsdiät, den Provokationstest und den Wasserstoff-Atemtest (siehe S. 118 f.).

Was ist zu tun?

Beim Vorliegen einer Fruktosemalabsorption ist vor allem Obst mit einem hohen Fruktose- bzw. Sorbitgehalt und einem niedrigen Glukoseanteil zu meiden, wie z. B. Äpfel, Birnen, Marillen, Pfirsiche, Weintrauben und Zwetschken.

Wird weniger Obst gegessen, sollte im Gegenzug mehr Gemüse zugeführt werden.

Besonders gut werden meist Blattsalat, Brokkoli, Radieschen, Spargel, Spinat und Zucchini vertragen, während fruktosereiche Gemüsesorten (z. B. Fisolen, Karotten, Rote Rüben und Zwiebeln) weniger geeignet sind.

Fruktoseintoleranz

Im Gegensatz zur Fruktosemalabsorption ist die hereditäre Fruktoseintoleranz eine angeborene Stoffwechselerkrankung. Aufgrund eines Enzymmangels kann die Fruktose nicht abgebaut werden, was zu schweren Leberfunktionsstörungen und Hypoglykämie (Unterzucker) führt. Diese Unverträglichkeit wird bereits im Baby- oder Kleinkindalter entwickelt und kann nur behandelt werden, indem man Fruktose strikt meidet.

Diagnose

Die Diagnose der Fruktoseintoleranz ist etwas komplexer als jene der Fruktosemalabsorption und kann nur über eine genetische Untersuchung erfolgen.

Produkte, in denen Fruktose enthalten sein kann

- Haushaltszucker
- Gesüßte Getränke
- Obst und Obsterzeugnisse
- Marmelade, Gelee
- Backwaren, Kuchen, Torten, Kekse
- Speiseeis
- Produkte mit Trockenfrüchten
- Milchprodukte mit Früchten
- Kaugummi
- Zuckerfreie bzw. zuckerarme Produkte (z. B. spezielle Produkte für Diabetiker) enthalten häufig Sorbit, was bei Personen mit Fruktosemalabsorption zu Beschwerden führen kann.

Histaminintoleranz

Histamin wird einerseits im menschlichen Körper gebildet, andererseits aber auch über die Nahrung zugeführt. Es zählt zur Gruppe der biogenen Amine, dies sind Umwandlungsprodukte von Aminosäuren (Eiweißbausteinen). Histamin wird aber auch bei allergischen Reaktionen freigesetzt (siehe Lebensmittelallergie, S. 45 f.) und verursacht klassische allergische Symptome.

Typische Beschwerden

Die typischen Beschwerden einer Histaminintoleranz sind Kopfweh, das sich bis zur Migräne steigern kann, eine verstopfte oder rinnende Nase, niedriger Blutdruck, erhöhte Pulsfrequenz, Atembeschwerden bis hin zu Asthma, Durchfall, Übelkeit, Erbrechen, Hautrötungen, Juckreiz und Nesselfieber. Im schlimmsten Fall kann es sogar zu schockähnlichen Symptomen kommen.

Wie kommt es zur Histaminintoleranz?

Histamin wird im Körper durch das Enzym **Diaminoxidase (DAO)** abgebaut. Bei manchen Menschen ist dieses Enzym nicht ausreichend vorhanden oder seine Aktivität ist eingeschränkt. Schuld daran sind Medikamente oder Enzymdefekte. Aber auch Alkohol kann die Aktivität der DAO herabsetzen.

Bei einem Mangel an DAO kann Histamin nicht in ausreichendem Maß abgebaut werden, es bleibt daher im Blut und verursacht die oben genannten Beschwerden.

Manche Lebensmittel sind wie Katalysatoren

Manche Lebensmittel kurbeln die körpereigene Produktion von Histamin an und können daher ebenfalls die Symptome verstärken. Dazu zählen beispielsweise überreife Bananen, Erdbeeren, Kakao, Schokolade, Walnüsse und Zitrusfrüchte.

In Lebensmitteln wird Histamin auch durch Mikroorganismen wie Schimmelpilze und Bakterien aus der Aminosäure Histidin gebildet. Aus diesem Grund kommt es vor allem in fermentierten Lebensmitteln (z. B. Sauerkraut), lange gereiften Produkten (z. B. Käse, Salami) und alkoholischen Getränken (Wein) vor. Ebenso ist Histamin in vielen Lebensmitteln enthalten, die ursprünglich einen sehr hohen Gehalt an Histidin hatten, wie z. B. Fisch.

Pflanzliche Lebensmittel weisen im Allgemeinen wenig Histamin auf. Eine Ausnahme ist z. B. die Tomate, die eine Histaminunverträglichkeit auslösen kann. In manchen Fällen hilft das Schälen der Tomate, um den Histamingehalt zu verringern.

Produkte, in denen Histamin enthalten sein kann

Manche Rotweinsorten (z. B. Blaufränkisch) sowie Salami und Hartkäse geizen nicht mit Histamin.

- Geräucherte, gepökelte, getrocknete Fleisch- und Wurstwaren wie Selchfleisch, Salami, Osso Collo, Rohschinken, Rohwurst, wie z. B. Mettwurst

- Hering, Sardellen, Thunfisch, frische Makrelen bzw. aus der Dose
- Marinierter Fisch (z. B. Russen)
- Hart-, Schnitt- und Schimmelkäsesorten (speziell lange gereifte Käsesorten)
- Sauerkraut, aber auch Tomaten, Spinat, Bananen, Orangen, Kiwis, Erdbeeren, Äpfel, Kürbisse, Karotten
- Rotweinessig
- Rotwein, Liköre, Sekt, Champagner, einige Weißweine, Weizenbier
- Schokolade, Nougat, Kakao

Glutenunverträglichkeiten

Zöliakie

Bei der Zöliakie, früher auch einheimische Sprue genannt, liegt eine Reaktion auf Gluten vor.

Gluten ist das Klebereiweiß des Getreides und kommt in vielen Getreidearten (Weizen, Roggen, Gerste, Hafer, Dinkel, Grünkern, Khorasanweizen [®Kamut], Emmer, Einkorn, Urkorn, Bulgur) vor.

Die Zöliakie ist eine **Autoimmunerkrankung**, bei der sich das Immunsystem gegen den eigenen Körper richtet und die Schleimhaut des Dünndarms schädigt. Durch eine Verflachung der Darmzotten wird die Darmoberfläche verringert und Nährstoffe können nicht mehr in ausreichendem Maß aufgenommen werden – sie „rauschen" förmlich durch den Darm und der Patient „verhungert" langsam.

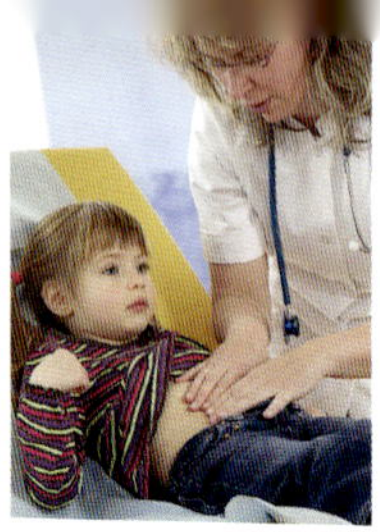

Zöliakie ist angeboren

Voraussetzung für die Zöliakie ist eine genetische Veranlagung.

Bei Kindern treten die Beschwerden auf, sobald glutenhaltige Beikost eingeführt wird. Betroffene Kinder nehmen nur schwer zu, sind häufig sehr blass und dünn und haben einen gewölbten Bauch.

Diagnose

Bei Verdacht auf Zöliakie ist es besonders wichtig, dies mit einem Facharzt zu besprechen und eine medizinische Diagnose einzuholen, um eine unnötig einseitige Ernährungsweise und die damit verbundene Einschränkung der Lebensqualität zu vermeiden.

Eine Glutenunverträglichkeit kann durch allergologische Tests nicht diagnostiziert werden. Da bei der Erkrankung die Wände des Dünndarms geschädigt sind, ist die Dünndarmbiopsie die zuverlässigste Methode.

Was ist zu tun?

Um eine Unterversorgung zu vermeiden, muss eine glutenfreie Ernährungsweise strikt eingehalten werden. Auf diese

Weise können sich die Darmzotten erholen und eine normale Nährstoffaufnahme ist wieder möglich. Allerdings können bereits kleinste Mengen an Gluten die Darmoberfläche wieder stark schädigen und schwerwiegende Symptome hervorrufen.

Viele Zöliakiepatienten leiden gleichzeitig an einer Laktoseintoleranz, die jedoch verschwindet, sobald die glutenfreie Diät zuverlässig eingehalten wird.

Studien legen nahe, dass eine frühe Einführung von geringen Glutenmengen (etwa 7 g Mehl) in der Beikost (etwa ab dem vierten Lebensmonat) das Risiko einer Zöliakie verringert. Dieser Effekt wird auf die präventive Wirkung des Stillens zurückgeführt.

Produkte, in denen Gluten enthalten sein kann

- Brot und Gebäck aus glutenhaltigem Getreide
- Mehl, (Hartweizen-)Grieß, Couscous, Perlweizen, Bulgur, Schrot, Grütze, Flocken, Kleie aus glutenhaltigem Getreide
- Teigwaren, Knödel, Gnocchi
- Kuchen, Torten und Kekse, Schokoriegel, Schokoladen- und Haselnussschnitten
- Fertiggerichte
- Suppen
- Saucen, Saucenbinder
- Malz und Malzprodukte
- Bier, malzhaltige Getränke wie Ovomaltine, Malzkaffee
- Einige Wurstwaren
- Weizenstärke, je nach Auswaschgrad
- Paniermehl, Semmelmehl
- Vitalkleber, Pflanzeneiweiß

Glutenfreie Lebensmittel – tatsächlich ohne Gluten?

> Lebensmittelrechtlich bedeutet „glutenfrei“, dass max. 20 mg Gluten pro Kilogramm Lebensmittel enthalten sein dürfen. Um wirklich auf Nummer sicher zu gehen, lohnt sich ein Blick auf die Zutatenliste.

Glutenfreie Getreidealternativen

Sie sind für die Betroffenen sehr wichtig, um ihren Bedarf an komplexen Kohlenhydraten, Ballaststoffen, B-Vitaminen und Mineralstoffen (v. a. Magnesium und Zink) zu decken:

- Mais-, Reis-, Kartoffelstärke
- Buchweizen
- Hirse
- Amaranth
- Quinoa
- Kartoffeln
- Reis
- Mais und Maisgrieß

Ebenso wurde das Angebot an glutenfreien Spezialprodukten in letzter Zeit stark erweitert und ermöglicht den betroffenen Personen eine ausgewogene Ernährung.

Von Natur aus glutenfreie Lebensmittel sind Obst, Gemüse, Kartoffeln, Fleisch, Fisch, Eier, Milch, Hülsenfrüchte, Soja, Nüsse, Samen und Öle.

Glutensensitivität

Die Glutensensitivität ist ein relativ neu definiertes Krankheitsbild. Personen, die an einer Glutensensitivität leiden, haben die typischen Beschwerden einer Zöliakie, sind aber nicht an ihr erkrankt. Die Darmzotten werden nicht verändert, daher kann dieses Krankheitsbild nicht mit einer Darmbiopsie festgestellt werden. Nur bei einer glutenfreien Ernährung kommt es zu einer Besserung der Symptome.

Bei der Glutensensitivität ist es möglich, dass man geringe Mengen Gluten verträgt, dies ist jedoch individuell sehr unterschiedlich. Es macht also durchaus Sinn, wenn Betroffene – nachdem sie sich glutenfrei ernährt haben – nach einiger Zeit in Rücksprache mit einem Arzt vorsichtig austesten, ob sie kleine Mengen an glutenhaltigen Lebensmitteln wieder vertragen.

Pseudoallergien

Pseudoallergien werden auch als nicht allergische Hypersensitivitäten bezeichnet, sie zählen ebenfalls zu den Nahrungsmittelintoleranzen.

Die auslösenden Stoffe werden **Pseudoallergene** genannt. Sie lösen – im Gegensatz zu echten Allergenen – schon beim

Erstkontakt eine Reaktion aus. Häufig gibt es bei Pseudoallergien eine gewisse Menge, die gut vertragen wird. Erst ab einem bestimmten Schwellenwert wird die pseudoallergische Reaktion hervorgerufen, die jedoch der allergischen Reaktion sehr ähnlich ist:

- Juckreiz und Ausschläge,
- Schnupfen und Asthma,
- Übelkeit und Bauchkrämpfe,
- anaphylaktische Schock.

Pseudoallergien sind immunologisch nicht nachweisbar, ihre Symptome ähneln jedoch denen einer Allergie, weshalb der Name Pseudoallergie gewählt wurde. Hier werden, im Gegensatz zur Allergie, keine Antikörper gebildet. Da keine Antikörper im Blut nachweisbar sind, ist die Diagnose besonders schwierig.

Häufige Auslöser

- **Salicylate** natürlicher Herkunft, wie z. B. aus Beerenfrüchten, Gurken, Marillen
- **Benzoate** natürlicher Herkunft
- **Zusatzstoffe**, wie z. B. der **Farbstoff Tartrazin** und andere Azofarbstoffe, das **Konservierungsmittel Benzoesäure** sowie die **Antioxidantien Schwefeldioxid und Sulfite**
- **Aromastoffe**, wie z. B. Glutamat
- **Biogene Amine**, das sind Stoffe, die beim Abbau von Eiweiß anfallen, wie z. B. Tyramin (z. B. in Camembert, Cheddar, Bierhefe, Chianti), Phenylethylamin (z. B. in Schokolade, lange gereiftem Käse und Rotwein), Histamin (z. B. in fermentierten Lebensmitteln wie Sauerkraut, Salami, Fischkonserven, siehe auch Histaminintoleranz, S. 94 ff.)

Glutamat

Unter der Bezeichnung „Chinarestaurant-Syndrom“ ist die Unverträglichkeit von Glutamat bekannt geworden. Glutamat ist ein Geschmacksverstärker (E 620–625) und wird speziell in der asiatischen Küche in großen Mengen verwendet.

Betroffene reagieren Minuten bis Stunden nach dem Verzehr von Glutamat mit Kopfschmerzen, Migräne, Gesichtsrötung, Schwitzen, Schwindel und vielem mehr. In Studien konnte allerdings nur sehr selten ein Zusammenhang zwischen Glutamat und dem Auftreten dieser Symptome festgestellt werden.

Benzoesäure

Benzoesäure (E 210–219) ist ein Konservierungsmittel. Personen mit einer Aspirinunverträglichkeit reagieren oft auch auf Benzoesäure.

Eingesetzt werden darf Benzoesäure z. B. in

- Fertigsalaten,
- Fischmarinaden,
- Sauerkonserven,
- zuckerreduzierten Konfitüren sowie
- in Essig, Öl oder Lake eingelegtem Gemüse.

Schwefeldioxid und Sulfite

Schwefeldioxid und Sulfite können als Zusatzstoff (E 220–228) oder natürlich in einem Lebensmittel vorkommen. Sie dienen der Konservierung, haben eine keimtötende Wirkung und verhindern das Braunwerden von Früchten.

Sulfite müssen ab einer Konzentration von 10 mg/kg oder 10 mg/l als Allergen gekennzeichnet werden und können in folgenden Lebensmitteln enthalten sein:

- Eingelegte Zwiebeln und Knoblauch
- Hart- und Weichkaramellen
- Kandierte Früchte
- Kartoffelerzeugnisse
- Krenzubereitungen
- Marmeladen und Fruchtzubereitungen in Füllungen
- Müsli
- Sauerkrautsaft
- Sirup
- Traubensaft
- Trockenfrüchte und Gemüse
- Wein
- Weinessig

Häufig liegen die enthaltenen Mengen unter dem deklarationspflichtigen Schwellenwert von 10 mg/kg oder 10 mg/l, wobei bei sauren sulfithaltigen Nahrungsmitteln bzw. Getränken oft stärkere Auswirkungen zu beobachten sind als in weniger sauren Lebensmitteln.

Die Schwellendosis, ab der ein Betroffener Beschwerden verspürt, kann individuell variieren und liegt zwischen 5 und 200 mg Sulfit.

Azofarbstoffe

Zu den Azofarbstoffen zählen:

- E 102 Tartrazin
- E 104 Chinolingelb
- E 110 Gelborange
- E 122 Azorubin, Carmoisin
- E 124 Cochenillerot A
- E 129 Allurarot AC

Seit 20. Juli 2010 muss bei Vorhandensein von Azofarbstoffen auf verpackten Lebensmitteln der Zusatz „Kann Aktivität und Aufmerksamkeit bei Kindern beeinträchtigen“ vorhanden sein.

4 Kreuzkontaminationen und Spurenkennzeichnung

Unter Kreuzkontamination wird im Allgemeinen die direkte oder indirekte (ungewollte) Übertragung von Verunreinigungen auf einen Gegenstand oder ein Lebensmittel verstanden, die in Küchen vorkommen kann.

Im Fall der Allergenthematik spricht man von einer Kreuzkontamination, **wenn Allergie auslösende Stoffe unbeabsichtigt in Speisen oder Gerichte gelangen**, obwohl diese laut Rezeptur nicht vorgesehen sind.

Typische Fälle, wie es zu Kreuzkontaminationen kommen kann

- Mangelhafte Trennung bei der Lieferung
- Mangelhafte Trennung bei der Lagerung
- Rückstände am Geschirr
- Rückstände an Küchenwerkzeugen
- Mangelnde Sorgfalt bei der Trennung der Lebensmittel während der Vor- und Zubereitung

Für Erdnussallergiker können bereits Spuren von Erdnüssen zu Hautrötung, Atemnot, Kreislaufkollaps bis hin zum lebensbedrohlichen anaphylaktischen Schock führen. Daher ist es von essenzieller Bedeutung, dass nicht einmal geringste Erdnussmengen in den Speisen vorhanden sind.

Kreuzkontaminationen im Zusammenhang mit allergenen Stoffen sind wesentlich schwieriger zu beherrschen als Kreuzkontaminationen im Sinne der Hygiene. So können mikrobiologische Kreuzkontaminationen, wie sie aus der Hygiene bekannt sind, durch entsprechende Desinfektionsmaßnahmen bei den Arbeitsgeräten nahezu ausgeschlossen werden. Außerdem werden die meisten Mikroorganismen beim Garen durch die Hitze abgetötet.

Allergie auslösende Stoffe werden jedoch in vielen Fällen weder durch Hitze oder Säure noch in einem anderen Verfahren im Kochprozess beseitigt und bleiben daher in der kontaminierten Speise enthalten. Da die auslösenden Mengen bei bestimmten Allergien und hochsensiblen Personen bereits im Nanogramm(ng)-Bereich liegen, ist die Auswirkung einer Kreuzkontamination bei Allergenen nicht zu vernachlässigen.

Vorsicht ist geboten

> In einer Küche der Gastronomie oder Hotellerie ist es nahezu unmöglich, beispielsweise eine nuss- oder glutenfreie Produktion zu garantieren. Kreuzkontaminationen können also nie ausgeschlossen werden. Dieser Umstand sollte mit den betroffenen Gästen unbedingt besprochen werden.

In der **Gemeinschaftsverpflegung** wird es – insbesondere im Gesundheitsbereich – eher möglich sein, Kreuzkontaminationen auszuschließen. In diesem Fall wird die Produktion bestimmter Speisen vom normalen Kochprozess räumlich und zeitlich entkoppelt.

„Kann Spuren von ... enthalten"

Industrielle und gewerbliche Hersteller von Lebensmitteln weisen auf den Verpackungen ihrer Produkte immer häufiger auf mögliche Spuren allergener Lebensmittelbestandteile hin, die durch Kreuzkontamination in das Lebensmittel gelangen könnten. Dieser Hinweis dient in erster Linie der Absicherung, um sich vor haftungsrechtlichen Konsequenzen zu schützen. Er ist gesetzlich nicht verpflichtend und geschieht freiwillig, die Wortwahl kann sich dabei geringfügig unterscheiden.

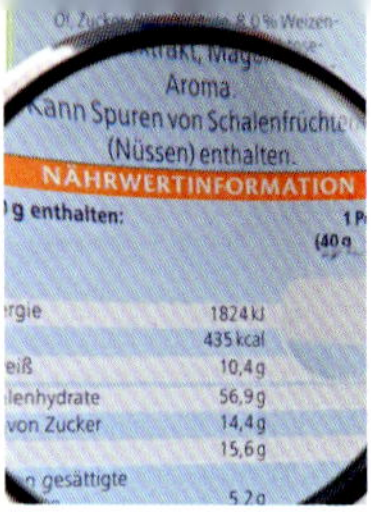

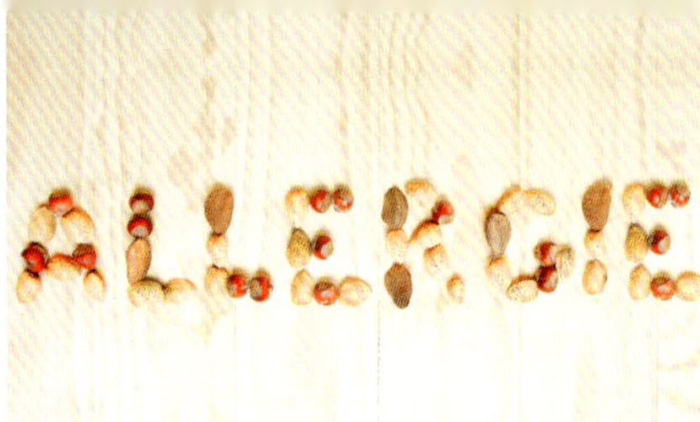

Für manche Allergiker ist diese Spurenkennzeichnung etwas „zu viel des Guten“, da in den meisten Fällen die Mengen zu gering sind, um eine allergische Reaktion auszulösen. Für hochsensible Allergiker kann jedoch ein solcher Hinweis sehr hilfreich und im Notfall lebensrettend sein.

Laut Allergeninformationsverordnung ist nur die Kennzeichnung von Zutaten verpflichtend, die Lebensmitteln oder Speisen **absichtlich** zugesetzt werden. In der Allergenverordnung werden allergene Anteile, die durch unbeabsichtigte und „technisch unvermeidbare“ Einträge im Enderzeugnis enthalten sein können, nicht berücksichtigt.

Die Angabe „Kann Spuren von … enthalten“ ist auch bei der Kennzeichnung loser Ware eine freiwillige Angabe. Selbstverständlich ist es möglich, die Gäste beispielsweise mit einem Hinweis in der Speisenkarte darauf aufmerksam zu machen, dass in dem Betrieb bestimmte Allergene (z. B. Milch, Eier, Nüsse, glutenhaltige Getreideprodukte, Sellerie) verarbeitet werden und dass diese Allergene daher in Spuren in allen Gerichten vorhanden sein könnten. Dies ist jedoch nicht verpflichtend und sollte keinesfalls dahingehend ausgelegt werden, dass „alle Speisen alle Allergene enthalten können“. Damit wäre weder der Verordnung Genüge getan noch dem Konsumenten geholfen.

Kann der Betrieb geklagt werden?

Da im Rahmen der Allergeninformationsverordnung die Auszeichnung von Spuren bei losen Lebensmitteln nicht vorgesehen ist, betreffen Kreuzkontaminationen in Küchen der Gastronomie, Hotellerie und Gemeinschaftsverpflegung nur jene Betriebe, die freiwillig diverse Speisen „frei von“ anbieten und sich dadurch gegenüber ihren Mitbewerbern profilieren.

Wie sieht es im Gesundheitsbereich aus?

Im Gesundheitsbereich gibt es hingegen tatsächlich die Notwendigkeit, z. B. bei Patienten oder Bewohnern von Pflegeheimen auf die spezifischen Unverträglichkeiten einzugehen und diese Personen entsprechend zu ernähren.

In diesem Fall ist es bei **Allergien mit Nulltoleranz** jedenfalls ratsam, zum Teil auf professionell erzeugte, gut verschlossene und somit gegen Kontamination gesicherte Zulieferware zurückzugreifen. Spezielle diätetische Lebensmittel (z. B. glutenfreie Produkte) sind bereits im Handel erhältlich.

Es wird empfohlen, die Kennzeichnung besonders aufmerksam zu lesen und im Zweifelsfall direkt mit dem Hersteller (Verbraucherhotline) Kontakt aufzunehmen.

Zur Kontrolle im Betrieb gibt es auch die **Allergen-Schnelltests**, mit deren Hilfe Spuren von Allergenen in der Küche (z. B. auf Arbeitsflächen) nachgewiesen werden können.

DIAGNOSTIK

Um Allergien und Intoleranzen korrekt zu diagnostizieren, sollte unbedingt ein Arzt aufgesucht werden. In den folgenden Kapiteln sind die nötigen Schritte angeführt, die eine rasche und zuverlässige Diagnose ermöglichen.

1 Anamnese

Bei einem ausführlichen Gespräch wird die persönliche Krankengeschichte von einem Arzt – idealerweise einem Allergologen – aufgenommen. Je mehr er über den Patienten und dessen Beschwerden weiß, desto zuverlässiger ist seine Diagnose.

Bei diesem Gespräch wird beispielsweise erfasst, ob es eine genetische Vorbelastung gibt, also ob die Großeltern, Eltern oder Geschwister an einer Lebensmittelallergie oder -intoleranz leiden. Ebenso werden diverse andere Allergien (z. B. Pollenallergie) abgefragt, um die Möglichkeit einer Kreuzreaktion zu erheben.

Als Hilfestellung für das Anamnesegespräch kann ein Ernährungs- und Symptomtagebuch dienen, das vor dem Gesprächstermin für einige Tage geführt wird.

Ernährungs- und Symptomtagebuch

Ein Tagebuch zu führen, hilft dem Arzt und dem Patienten dabei, die Symptome und möglichen Auslöser einzugrenzen. Darin wird genau festgehalten, welche Lebensmittel und Getränke zu welchem Zeitpunkt konsumiert wurden. Ebenso werden die Art, der Schweregrad und der Zeitpunkt auftretender Beschwerden dokumentiert.

Bei zusammengesetzten Lebensmitteln sollten immer alle Komponenten aufgeschrieben werden. So ist es beispielsweise wichtig, genau festzuhalten, welche Saucen es zum Grillkotelett gab und wie der Salat mariniert war. Bei verpackten Lebensmitteln ist es meist hilfreich, einen Blick auf die Zutatenliste zu werfen, um sämtliche Inhaltsstoffe zu erfassen. Bei selbst gemachten Speisen sollten ebenfalls alle Zutaten angeführt werden, um sicherzugehen, dass kein Produkt übersehen wird.

Führen eines Tagebuchs

> Je genauer das Tagebuch geführt wird, desto rascher können Zusammenhänge festgestellt werden.

Ebenso ist es sinnvoll, körperliche Aktivität, Alkoholzufuhr sowie Medikamenteneinnahme zu notieren, da diese Parameter allergische Reaktionen verstärken können.

2 Hauttests

Mithilfe von Hauttests können nur echte Lebensmittelallergien diagnostiziert werden – bei Intoleranzen und Pseudoallergien haben Hauttests keine Aussagekraft.

Bei diesen Testverfahren werden verdächtige Allergene mittels Tropfpipette, Tuberkulinnadel oder standardisierter

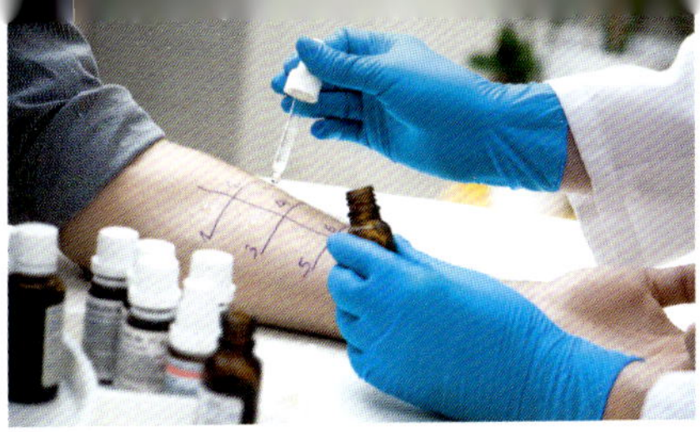
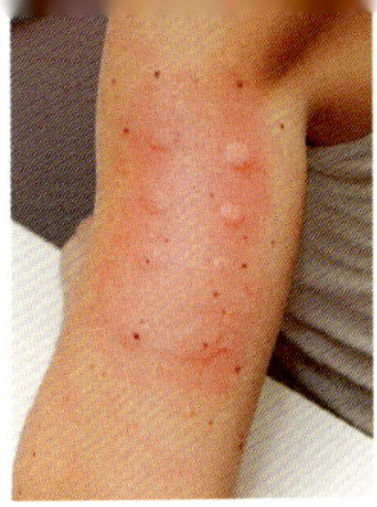

Pricknadel bzw. Pricklanzette auf die Haut des Patienten aufgetragen und die Reaktion nach etwa 15–20 Minuten dokumentiert.

Um falsche Ergebnisse zu vermeiden, werden auch eine Negativkontrolle und eine Positivkontrolle auf die Haut aufgetragen. Ebenso ist es wichtig, vor dem Test bestimmte Medikamente (z. B. Antihistaminika) abzusetzen, da diese das Ergebnis verfälschen würden.

Hauttestungen können auf unterschiedliche Art erfolgen

Pricktest	Eine Allergenlösung wird auf die Haut aufgetragen. Anschließend wird die Haut mit einer Nadel oder Lanzette leicht eingestochen. Leider bestehen hier häufig Unsicherheiten, weil die Nahrungsmittelextrakte noch nicht standardisiert sind. Dies führt zu unterschiedlich stark ausgeprägten Reaktionen.
Intrakutantest	Allergenlösungen werden mit einer Nadel dirckt in die Haut injiziert.

Prick-zu-Prick-Test	Natürliche (native) Nahrungsmittel werden dafür verwendet. Die Pricktestnadel wird zuerst in das Lebensmittel (z. B. einen Apfel) und danach in die Haut des Patienten gestochen.
Reibtest	Wird erst angewandt, wenn der Prick-zu-Prick-Test negativ ausfällt. Bei diesem Testverfahren wird das native Lebensmittel auf die Haut gerieben.

3 Antikörperbestimmung im Blut

Vorsicht bei der Interpretation der Ergebnisse: Eine positive Reaktion besagt lediglich, dass eine Sensibilisierung besteht. Das bedeutet nicht zwingend, dass auch Symptome auftreten.

Die Antikörperbestimmung ist ebenso wie ein Hauttest ein rein allergologisches Verfahren und kann daher nur über echte Lebensmittelallergien zuverlässige Aussagen treffen. Intoleranzen und Pseudoallergien können auf diesem Weg nicht erfasst werden.

Diese Testung kann auch in vitro durchgeführt werden: Dazu wird dem Patienten zuerst Blut abge-

nommen, das anschließend mit dem Allergen in Verbindung gebracht wird. Mittels biochemischer Tests wird analysiert, ob Antikörper gebildet werden.

4 Eliminationsdiät

Wenn nach den bisher angeführten Tests einige Lebensmittel infrage kommen, können diese mithilfe einer Eliminationsdiät konkretisiert werden.

Bei dieser Diät wird jeweils ein verdächtiger Auslöser aus der Ernährung gestrichen. Hier ist es besonders wichtig, darauf zu achten, dass alle Lebensmittel, die den Auslöser enthalten, gemieden werden. Je nach Art und Schweregrad der Reaktion muss der Auslöser eine bis sechs Wochen ausgeschlossen werden. Dabei ist es von größter Bedeutung, dass der Betroffene den Diätplan befolgt und von einer Fachkraft (einem Allergologen oder Diätologen) überwacht wird.

Es ist ratsam, immer nur ein Nahrungsmittel auszutesten.

War die Eliminationsdiät erfolgreich und tritt eine Verbesserung der Symptome auf, kann das Ergebnis mit einer weiteren Testmethode bestätigt werden.

tipp
vom profi

Die Eliminationsdiät eignet sich auch gut, um Intoleranzen und Pseudoallergien zu erkennen.

5 Oraler Provokationstest

Dieser Test ist gewissermaßen das Gegenteil einer Eliminationsdiät: Hier wird der verdächtige Auslöser bewusst aufgenommen, um die Reaktion zu prüfen. Da Unverträglichkeitsreaktionen sehr heftig ausfallen können, ist unbedingt die Anwesenheit eines Arztes erforderlich.

Idealerweise wird dieses Testverfahren „doppelblind“ und Placebo-kontrolliert durchgeführt, d. h., es werden an zwei aufeinanderfolgenden Tagen zwei Proben verabreicht, bei denen weder der Patient noch der behandelnde Arzt wissen, welche Probe den Auslöser enthält und welche Probe nur als

Vergleich dient. Nur eine zusätzliche Person hat den Überblick und kann dementsprechend die Ergebnisse auswerten.

Wichtig ist beim oralen Provokationstest, dass bestimmte Medikamente (z. B. Antihistaminika) abgesetzt werden und dass auch das verdächtige Lebensmittel zumindest eine Woche vorher strikt aus der Ernährung ausgeschlossen wurde.

Ebenso ist diese Testmethode nur für Personen über drei Jahre geeignet, die sich in einer guten körperlichen Verfassung befinden.

Obwohl dieses Testverfahren das zuverlässigste ist, wird es aufgrund des hohen Aufwands nicht bei jedem Patienten durchgeführt. Es kommt speziell in drei Fällen zur Anwendung:

- **Bei chronischen Erkrankungen** (z. B. Neurodermitis), deren Ursache durch die Eliminationsdiät entdeckt wurde, wobei das allergene Lebensmittel noch genauer identifiziert werden soll
- **Bei einer akuten Lebensmittelallergie**, wenn Anamnese und Antikörperbestimmung im Blut unterschiedliche Ergebnisse liefern bzw. nicht aussagekräftig genug sind
- **Bei Kindern mit bekannter Lebensmittelallergie, um festzustellen, ob bereits eine natürliche Toleranz entwickelt wurde.** Auf diese Weise sollen unnötige Diäten ausgeschlossen werden.

Grundsätzlich wird der doppelblinde, Placebo-kontrollierte, orale Provokationstest in sämtlichen Studien zum Thema Lebensmittelunverträglichkeiten als einzige wirklich zuverlässige Diagnosemöglichkeit angesehen.

6 Wasserstoff-Atemtest

Diese Testmethode wird vor allem bei Lebensmittelintoleranzen, die den Kohlenhydratstoffwechsel betreffen, angewandt. Auf diese Weise können beispielsweise Laktose-, Fruktose-, Glukose-, Inulin- und Sorbitintoleranzen diagnostiziert werden.

Bei einer Störung der Kohlenhydratverdauung wird der Zucker im Dünndarm meist unvollständig aufgenommen. Durch die im Darm verbleibenden Reste entstehen Gase (Wasserstoff), die im Dickdarm resorbiert und anschließend über die Lunge abgeatmet werden. Der entstandene Wasserstoff kann in der ausgeatmeten Luft gemessen werden, wobei die Wasserstoffmenge von der aufgenommenen Kohlenhydratmenge abhängig ist.

Daher ist es besonders wichtig, dass der Patient vor der Testung nüchtern ist. Zu Beginn des Tests wird der Basalwert (Nüchternwert) gemessen. Anschließend wird dem Patienten eine Zuckerlösung verabreicht, die je nach getestetem Zucker (Laktose, Fruktose ...) variiert und zwischen 5 g und 75 g liegt.

- Um einen Patienten auf **Laktoseintoleranz** (siehe auch S. 87 ff.) zu testen, werden 50 g Laktose (entspricht etwa 1 l Milch) in 100 bis 500 ml Wasser aufgelöst und getrunken. In einem Zeitraum von vier Stunden wird alle 15 bis 30 Minuten die Wasserstoffkonzentration in der Ausatemluft getestet. Wenn der Wasserstoffgehalt zwischen dem Nüchternwert und dem Maximalwert um mehr als 10 bis 20 ppm variiert, liegt eine Laktoseintoleranz vor.

- Um eine **Fruktosemalabsorption** (siehe auch S. 92 ff.) auszutesten, werden 25 bis 50 g Fruktose in 200 bis 400 ml Wasser aufgelöst. Hier unterscheiden sich die Empfehlungen zur optimalen Testmenge sehr stark.

Die Auswertung der Wasserstoff-Atemtests wird durch einige Faktoren beeinflusst:

- **Abwesenheit von Wasserstoff produzierenden Bakterien:** Manchmal fehlen in der Darmflora von Menschen diese Bakterien. Somit wird kein Wasserstoff erzeugt. Fehlender Wasserstoff kann aber auch an einer Überzahl Methan produzierender Bakterien liegen, die Wasserstoff benötigen. Aufgrund des fehlenden Wasserstoffs könnte ein falsch negatives Ergebnis zustande kommen.
- **Bakterielle metabolische Kapazität:** Dieser Wert ist individuell sehr unterschiedlich und kann durch bestimmte Medikamente (z. B. Antibiotika, Abführmittel) oder andere Umstände (z. B. Darmspülungen, körperliche Aktivität, Rauchen) beeinflusst werden.

7 Wissenschaftlich nicht anerkannte Testmethoden

Neben einer Vielzahl an wissenschaftlich fundierten Diagnoseverfahren gibt es immer mehr Testmethoden, die über keine ausreichende wissenschaftliche Basis verfügen. Einige dieser Methoden werden im Folgenden vorgestellt.

IgG-Tests

Weit verbreitet sind mittlerweile spezielle immunologische Tests auf das sogenannte **Immunglobulin G (IgG)**, einen bestimmten Antikörper.

Diese Tests sind trotz ihrer häufigen Anwendung nicht zuverlässig und führen daher zu Fehldiagnosen. Grundsätzlich reagiert unser Immunsystem auf jedes fremde Eiweiß mit der Bildung der speziellen IgG, dies gehört zu unserer normalen Immunantwort und verhindert Krankheiten bereits im Vorfeld. Nach jedem Essen werden beim gesunden Menschen IgG gebildet und sind daher im Rahmen solcher Testungen stets nachweisbar. Daher wäre das Ergebnis, dass bei jedem Menschen Nahrungsmittelallergien vorliegen, was selbstverständlich nicht der Fall ist (siehe „Aktuelle Zahlen in Österreich und Europa“, S. 12 ff.).

Nach den IgG-Tests bekommen die Patienten meist eine ganze Liste mit Lebensmitteln, die sie angeblich nicht vertragen und daher zukünftig meiden sollen. Dies schränkt nicht nur die Lebensqualität unnötig ein, sondern führt im schlimmsten Fall auch zu einer Mangelversorgung mit wertvollen Nährstoffen.

Bioenergetische Verfahren

Elektroakupunktur nach Voll oder die Bioresonanz sind Beispiele für sogenannte bioenergetische Verfahren, die der Diagnose und der Behandlung von Allergien dienen sollen.

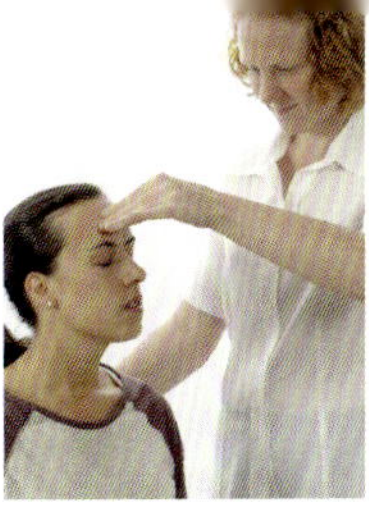
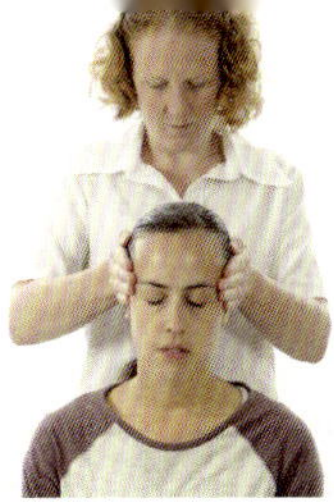
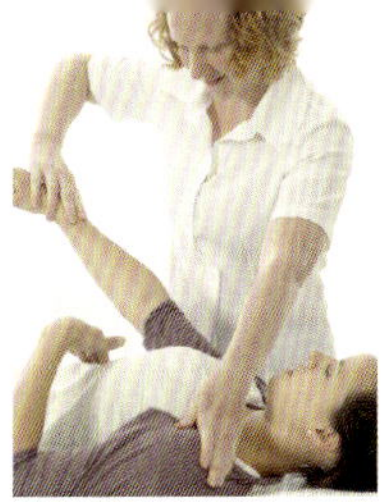

Auch diese Methoden sind wissenschaftlich nicht haltbar und sollten daher nicht als Diagnosehilfe herangezogen werden.

Diese Verfahren basieren auf der Annahme, dass im Körper falsche Informationen gespeichert sind und dass diese Informationen umgekehrt und richtiggestellt werden können. Auf diese Weise sollen Allergien gelöscht und der Patient von seinem Leiden befreit werden. Die Wirksamkeit konnte in wissenschaftlichen Studien nicht nachgewiesen werden, daher werden die Kosten für diese Diagnose- und Therapiemethode üblicherweise nicht von den Krankenkassen übernommen.

Kinesiologie

In der Kinesiologie werden Allergien mithilfe des Muskeltests untersucht: Man legt Proben der verdächtigen Lebensmittel auf bestimmte Körperteile und überprüft, ob der Muskel dem Testdruck standhalten kann.

Die Kinesiologie geht davon aus, dass Allergien mit psychischem Stress in Verbindung stehen, der durch die fehlende Muskelspannung angezeigt wird. Auch diese Methode ist wissenschaftlich nicht haltbar und wird daher nicht zur Diagnose von Lebensmittelallergien oder -intoleranzen empfohlen.

PRAKTISCHE UMSETZUNG

Betriebe aller Art, die Lebensmittel unverpackt verabreichen, sind seit 13. Dezember 2014 verpflichtet, ihre Kunden und Gäste über jene allergenen Stoffe zu informieren, welche ihren Produkten und Speisen bewusst zugesetzt werden.

1 Anforderungen an die Betriebe

Beginnt ein Betrieb mit dem Aufbau des Allergenmanagements, sind im Vorfeld einige Punkte zu beachten. Die folgenden Kapitel sollen beim Aufbau und bei der Implementierung des Allergenmanagements im Betrieb helfen und Entscheidungen strukturiert herbeiführen.

Zu Beginn der Ausarbeitung des Allergenmanagements und vor der Implementierung sollte die Person oder das Team, welches mit der Aufgabe betraut wird, entsprechend sensibilisiert werden, um über die Auswirkungen von mangelhafter Dokumentation oder Information Bescheid zu wissen. Denn nur wer versteht, welche (teils schlimmen) Auswirkungen eine Allergie nach sich ziehen kann, wird das Allergenmanagement auch ernst nehmen und konsequent durchziehen.

Die wichtigsten Anforderungen an den Betrieb sind:

- Seriöse Herangehensweise an die Materie
- Solides Basiswissen über die verwendeten Rohwaren
- Einbeziehung und Sensibilisierung der Lieferanten
- Standardisierte Rezepturen (oder zumindest genaue Zutatenlisten)
- Festlegen der Dokumentationsart
- Wahl der technischen Hilfsmittel (Datenbank, Softwareanwendungen)
- Bestimmung der beauftragten Person(en) im Betrieb

2 Aufbau des Allergenmanagements

Der Aufbau des Allergenmanagements wird durch folgende Maßnahmen erleichtert, wenn diese bereits im Betrieb implementiert sind:

- Warenwirtschaft
- Qualitätsmanagement
- Rezepturverwaltung
- Rohwarenspezifikationen
- Zutatendatenbank

Kleinere Betriebe, insbesondere in der Gastronomie, setzen diese Hilfsmittel derzeit nur äußerst selten ein.

Als **Mindestanforderung ist die Erstellung einer Rezeptdatenbank (oder zumindest von Zutatenlisten) erforderlich.** Ohne diese wird der Beweis, welche Zutaten für die Zubereitung der einzelnen Gerichte verwendet werden, nicht zu erbringen sein.

Sorgfalt ist das A und O

> Die Rezeptdatenbank muss ständig gewartet werden. Kann diese laufende Wartung nicht nachgewiesen werden, läuft der Unternehmer bzw. die gewerberechtlich verantwortliche Person Gefahr, bei einem auftretenden Fall keine Beweise erbringen zu können, dass die Allergenauszeichnung mit der notwendigen Sorgfalt durchgeführt wurde.

Sind die beschriebenen Basisarbeiten erledigt, kann der Aufbau des Allergenmanagements beginnen.

Schritt 1: Festlegen und Dokumentieren der gesamten Prozesskette

Nachdem feststeht, welche Person/en für die Umsetzung der Allergenverordnung im Betrieb verantwortlich ist/sind, werden die gesamte Prozesskette und ihre Dokumentation festgelegt. Dies sind im Konkreten:

- Rezepturentwicklung
- Rohwarenlieferant
- Anlieferung
- Lagerung
- Zubereitung
- Ausgabe bzw. Service
- Beratung

Schritt 2: Kennzeichnung

Wahl der Informationsweitergabe

Der nächste Schritt ist die Wahl der Kennzeichnungsform. Ob im einzelnen Fall die mündliche oder die schriftliche Informationsweitergabe für den Betrieb besser geeignet ist, lässt sich nur beantworten, wenn die spezifischen Anforderungen an den Gastronomie-, Hotellerie- oder Gemeinschaftsverpflegungsbetrieb klar definiert werden.

Mündliche Form

Zweifelsohne bietet die mündliche Form der Auszeichnung eine höhere Flexibilität in der Angebotsgestaltung – man kann auf Änderungen unmittelbar reagieren. Allerdings birgt sie auch Gefahren, wenn das Personal schlecht geschult ist.

Alles andere als lustig

> Wird ein Gast falsch informiert, kann es durchaus zu Haftungen und Schadenersatzansprüchen kommen.

Verfügt ein Betrieb jedoch über gut informiertes und geschultes Personal, kann durch perfekte Beratung durchaus ein Wettbewerbsvorteil entstehen. Aus diesem Grund ist es besonders wichtig, auf eine nachhaltige Sensibilisierung der Mitarbeiter zu achten, um das Bewusstsein zu schärfen und auf diese Weise Fehler zu vermeiden.

Schriftliche Form

Die schriftliche Form der Informationsweitergabe ist in gewisser Weise statisch und lässt kurzfristige Änderungen nur dann zu, wenn die Auszeichnung nicht direkt auf einer Speisenkarte oder einem Menüplan vermerkt ist, die bzw. der nur selten geändert wird.

Die nachstehende Tabelle bietet Hilfe bei der Entscheidungsfindung, kann aber die vielfältigen und individuellen Bedürfnisse der zahlreichen Betriebsarten der Gastronomie, Hotellerie und Gemeinschaftsverpflegung nur im Ansatz erfassen.

Anwendungsbereiche der mündlichen und schriftlichen Information

Anforderung	Mündlich	Schriftlich
Standardisiertes Angebot mit wenigen Änderungen über einen längeren Zeitraum		x
Stark wechselndes Angebot – kurzfristige Änderungen	x	
Direkter Kontakt zum Gast/Konsumenten möglich (Wirtshaus, Restaurant, Betriebsküche mit Ausgabe ...)	x	
Kein direkter Kontakt möglich (Krankenhaus, Schule, Kindergarten ...)		x
Betriebe mit hoher Personalfluktuation		x
Auslieferung von Speisen		x
Buffet mit Bedienung	x	
Buffet mit Selbstbedienung		x
Flying Buffet	x	

Die Entscheidung, welche Form der Auszeichnung in einem Betrieb erfolgt, hat direkte Auswirkungen auf die Organisation des Allergenmanagements. In manchen Fällen kann es durchaus sinnvoll sein, beide Formen der Auszeichnung zu wählen. Hierfür gelten sehr klare Regelungen.

Mischformen der Auszeichnung

Es ist nicht erlaubt, einem Gast auf mündliche Anfrage eine schriftliche Information (z. B. eine spezielle Allergenspeisenkarte) auszuhändigen und die Information nicht mündlich weiterzugeben. Selbstverständlich darf die beauftragte Person jedoch während der Auskunft an den Gast eine schriftliche oder elektronische Unterlage zur Unterstützung benutzen.

Andere Mischformen können allerdings durchaus sinnvoll und in Einzelfällen sogar notwendig sein. Hat ein Betrieb beispielsweise mehrere unterschiedliche Arten der Ausgabe, wie es in einem Hotel vorkommen kann, ist es möglich, etwa im Restaurant eine mündliche Auszeichnung und beim Selbstbedienungsbuffet im Wellnessbereich die schriftliche Variante zu wählen.

Ebenso kann ein Krankenhaus die Patienten schriftlich und die Mitarbeiter im Betriebsrestaurant mündlich informieren.

Auch im Bereich des Event Caterings können mehrere Formen nebeneinander sinnvoll sein. Während es wahrscheinlich einfacher ist, die Gäste bei einem Bankett schriftlich zu informieren, kann die mündliche Information am Buffet durch die geschulten Mitarbeiter durchaus einfacher sein und darüber hinaus Kompetenz vermitteln.

Schritt 3: Dokumentation

Das Herzstück des gesamten Allergenmanagements ist die Dokumentation. Diese ist in jedem Betrieb individuell zu erstellen und der Behörde bei einer Kontrolle jederzeit vorzuweisen.

Im Wesentlichen besteht die Dokumentation aus dem **Nachweis, welche Zutaten für die Herstellung der Speisen verwendet wurden und welche Allergie auslösenden Stoffe in diesen Zutaten enthalten sind.**

Wie bereits in den vorangegangenen Kapiteln beschrieben, sind nur jene Zutaten zu dokumentieren, die der jeweiligen Speise bewusst und laut Rezeptur bzw. Zutatenliste zugesetzt wurden.

Dazu zählen in jedem Fall auch Zutaten, die zur Garnierung der Speise dienen (z. B. Parmesan bei Pastagerichten, Nüsse bei Süßspeisen, Waffeln bei Eisdesserts).

Spuren können Sie vergessen!

> Kreuzkontaminationen und mögliche Spuren von allergenen Stoffen unterliegen nicht der Auszeichnungspflicht! Denn laut Gesetz sind Sie nur für die Auszeichnung der Zutaten verantwortlich. Und Spuren sind keine Zutaten.

Um die Dokumentation lückenlos aufzubauen, sind folgende Schritte erforderlich, die in einem Betrieb umgesetzt werden müssen:

- Rohwarenmanagement
- Rezepturverwaltung
- Änderungsdienst

Rohwarenmanagement

Erfassung unverarbeiteter Rohwaren

Werden Rohwaren in unverarbeiteter Form eingekauft, ist es weitgehend einfach, die enthaltenen Allergene festzustellen. Da die meisten der 14 kennzeichnungspflichtigen Allergene auch wichtige Rohwaren in der Küche sind, sind sie leicht erkennbar und somit einfach zu kennzeichnen. Dies gilt für

- Milch,
- Eier,
- Sellerie,
- Sesam,
- Nüsse,
- Soja,

- Senf,
- Erdnüsse,
- Fische,
- Krebstiere und
- Weichtiere.

Schon etwas kniffliger wird es bei den restlichen allergenen Zutaten, weil diese meist nicht als Rohware eingekauft werden, sondern als Bestandteile in angelieferten Lebensmitteln enthalten sind. Dabei handelt es sich um
- glutenhaltige Getreideprodukte,
- Sulfite und
- Lupinen.

Diese Informationen sind auf folgende Arten zu erhalten:
- Produktspezifikationen
- Etiketten (Kennzeichnung des Herstellers)
- Datenbanken, die alle verwendeten Produkte enthalten

Achtung: Ein Produkt kann je nach Hersteller durchaus unterschiedliche Allergene enthalten.

Beispiele

Gluten: Es gibt bereits eine relativ große Palette an glutenfreien Produkten, die entsprechend gekennzeichnet sind. Jedoch enthalten beinahe alle Produkte, die aus Getreide hergestellt sind, in der konventionellen Form grundsätzlich Gluten. Daher ist insbesondere bei der Verarbeitung von glutenfreien Produkten darauf zu achten, dass nicht versehentlich Ersatzartikel verwendet werden, die Gluten enthalten.

Sulfite: Sulfite sind meist nur in geringen Mengen (unter 10 mg/kg oder 10 mg/l) enthalten und unterliegen in diesem Fall nicht der Deklarationspflicht. Hier kann man nur mithilfe von Produktspezifikationen herausfinden, ob tatsächlich Sulfite im deklarationspflichtigen Ausmaß vorkommen. Sulfite können beispielsweise in Wein, Essiggurken, Trockenfrüchten und Gemüseconvenience (z. B. Krenprodukten) enthalten sein.

Lupinen: Lupinen werden sehr selten als Rohware eingekauft und gelangen daher nahezu immer in verarbeiteter Form in die Küche. Besondere Vorsicht ist bei folgenden Rohwaren geboten:

- Pflanzliches Eiweiß in Backwaren
- Backwaren, die mit Lupinenmehl erzeugt wurden
- Veganer Fleischersatz

Erfassung von verarbeiteten Lebensmitteln und Convenience-Produkten

Besonders komplex werden das Rohwarenmanagement und die Erfassung der allergenen Stoffe bei der Verwendung verarbeiteter Lebensmittel – sei es in Form von Erzeugnissen, die als Trockenware zugekauft werden, oder im klassischen Convenience-Bereich.

Dazu muss man die Produkte und deren Spezifikationen genau kennen und die vom Lieferanten oder auf andere Weise (z. B. aus zentral gewarteten Datenbanken) erhältlichen Informationen erfassen.

Gleicher Name, anderer Inhalt

Auch wenn man die Waren bereits erfasst hat, ist man vor Veränderungen nicht gefeit. Besonders im Bereich der gewerblichen und industriellen Lebensmittelherstellung werden Produkte laufend weiterentwickelt und verbessert. Es kommt also durchaus zu Änderungen der enthaltenen allergenen Stoffe. Ebenso ist es möglich, dass die vermeintlich gleiche Rohware völlig unterschiedliche Allergie auslösende Stoffe enthält.

Was Produkte beinhalten können

Produkte	**Allergene Stoffe, die enthalten sein können**
Schinken	Sellerie
Suppenwürze	Sellerie, Soja(lecithin), Gluten, Milch, Eier
Geriebener Kren	Sulfite
Trockenfrüchte	Sulfite
Veganer Fleischersatz	Lupinen, Erdnüsse
Knäckebrot und sonstiges Gebäck	Soja(lecithin), glutenhaltiges Getreide
Marmorkuchen (Fertigprodukt)	Nüsse, Soja(lecithin), Milch, Eier, glutenhaltiges Getreide

Der Umstand, dass Produkte bei gleicher Bezeichnung unterschiedliche Inhaltsstoffe und Allergie auslösende Zutaten beinhalten können, war für Köche in der Gastronomie, Hotellerie und Gemeinschaftsverpflegung bis zum Inkrafttreten der Allergenverordnung beinahe irrelevant.

Detektive gefragt

Besonders schwierig für die Erfassung sind jene allergenen Stoffe, die in einem Produkt weder aufgrund der Bezeichnung oder Beschaffenheit vermutet werden können noch aus fachlichen Gesichtspunkten ableitbar sind.

Bei einer Rindsuppe (auch Suppenpulver) geht man im Normalfall davon aus, dass sie Sellerie beinhaltet. Bei einer „Bloody Mary" (Cocktail aus Wodka, Tomatensaft und Gewürzen) sieht das Ganze schon etwas anders aus. Oder haben Sie gewusst, dass die Allergene Gluten, Fisch und Soja darin zu finden sind? Dies ist der Fall, weil dieser Cocktail mit Worcester(shire)sauce gewürzt wird, die Weizen, Sojasauce und Sardellen enthält.

Aus den oben genannten Gründen hat das Rohwarenmanagement seit Inkrafttreten der Allergenverordnung an Bedeutung gewonnen und darf in keinem Betrieb unterschätzt werden. Schließlich bildet die Gesamtheit der Informationen über die enthaltenen allergenen Stoffe in den Zutaten das Fundament für jedes Allergenmanagement.

Erfassung in Form einer Klassifizierung

Insbesondere in Gastronomie- und Hotelleriebetrieben werden Rohwaren oftmals durch andere ersetzt. Ein Grund dafür ist beispielsweise, dass ein Lieferant ein bestimmtes Produkt nicht liefern kann. Aber auch Aktionen lassen Gastronomen oft zu einer anderen Rohware greifen als jener, die normalerweise im Allergenmanagement erfasst ist.

Sind Sie in einem Betrieb, der aus diesen Gründen oft die Rohwaren wechselt? Dann ist es empfehlenswert, diese zu klassifizieren. Die Rohware wird demnach nicht als spezifizierter Artikel erfasst, sondern als Zutat mit Attributen.

Mssion Essiggurkerl

Im Hotel „Waldesruh" wird die Essiggurkerlsorte „Frisch & knackig" als spezifizierter Artikel unter der Bezeichnung „Essiggurkerl, Fa. ABC" geführt. Diese Sorte weist keine Allergene auf. Wird allerdings eine andere Sorte gekauft, muss das Rohwarenmanagement bei jedem Tausch neu überarbeitet werden, da andere Sorten möglicherweise Allergene (z. B. Sulfite, Senf) enthalten.

Klassifiziert nun der Betrieb die Zutat „Essiggurkerl", indem er sie generell mit den Allergenen Sulfite und Senf erfasst, können Essiggurkerl von jedem Hersteller gekauft werden.

Umgekehrt kann durch diese Klassifizierung auch klar festgelegt werden, dass bestimmte Ersatzartikel nicht zugelassen sind, wenn sie bestimmte Allergene enthalten. In diesem Fall würde die Zutat „Essiggurkerl ohne Sulfite" erfasst und der Lieferant darüber informiert, dass nur Produkte geliefert werden dürfen, die dieser Klassifizierung entsprechen. Die zweite Form der Erfassung wird eher im Bereich der Gemeinschaftsverpflegung Anwendung finden, weil dort die Anforderungen aufgrund der diätologischen Aspekte höher sind.

Wird das Rohwarenmanagement auf der eben vorgestellten Klassifizierung aufgebaut, besteht die Möglichkeit, Menüpläne lange im Voraus zu erstellen. Bei der **artikelspezifischen Führung** hingegen muss bei jeder Änderung der Rohware taggenau die Allergenkennzeichnung neu überarbeitet werden.

Rezepturverwaltung

Aufbauend auf dem Rohwarenmanagement muss für jede im Betrieb angebotene Speise (besser für jede Komponente, z. B. Schnitzel, Petersilkartoffeln, Blattsalat, Dressing) eine Rezeptur angelegt werden. In dieser wird ausnahmslos jede Zutat angeführt, welche zur Zubereitung der jeweiligen Speise erforderlich ist. Diese Zutaten müssen dann konsequenterweise mit den dokumentierten Rohwaren verknüpft werden.

Zutatenlisten oder doch gleich Rezepte mit Mengenangaben?

Grundsätzlich würde es ausreichen, genaue Zutatenlisten zu erstellen, also die Mengenangaben und Zubereitungsanleitungen außer Acht zu lassen. **Ob reine Zutatenlisten oder gleich Rezepte – der Aufwand bleibt annähernd gleich groß.** Der Unterschied besteht darin, dass man mit der Erstellung von Rezepten einen sehr großen Zusatznutzen für den Betrieb erhält.

Rezepte erlauben eine genaue Kalkulation und sind eine gute Basis für die Qualitätssicherung sowie für die strukturierte Verbesserung der Speisenqualität.

Darüber hinaus bleibt bei personellen Veränderungen das Know-how im Betrieb und es kommt zu keinen bösen Überraschungen für die Gäste und den Betriebsinhaber.

Die Anfertigung bloßer Zutatenlisten ist ebenfalls mit einer Menge Arbeit verbunden. Im Unterschied zu Rezepten können sie allerdings nur für das Allergenmanagement verwendet werden.

Das Anlegen von Rezepturen ist – abhängig vom Betrieb – meist sehr aufwendig. Daher ist es sinnvoll, diese Arbeit auch entsprechend zu nutzen. Nur dann lohnt sich der Aufwand und kann sogar zu wirtschaftlichen Vorteilen führen.

In vielen Betrieben scheitert die Einhaltung der Rezepturen jedoch am Küchenpersonal, das sich in der Kreativität eingeschränkt fühlt und die Freude an der Arbeit verliert. Aus diesem Grund ist es sehr wichtig, die Rezepturen ständig weiterzuentwickeln und die Mitarbeiter der Küche dabei intensiv mit einzubinden. Wenn dann die eigenen, selbst entwickelten Rezepturen als Vorlage dienen, kommt zur beibehaltenen Kreativität sogar noch der „Stolz“ dazu.

So könnte ein Dokumentationsblatt mit Rezept aussehen

Apfelstrudel Verwendete Zutaten	Lieferant/ Bezugsquelle	Gluten	Krebstiere	Eier	Fisch	Erdnuss	Soja	Milch oder Laktose	Nüsse	Sellerie	Senf	Sesam	Sulfite	Lupinen	Weichtiere
320 g glattes Mehl, Type 700	Großhandel (C & C, Metro, AGM ...)	X													
20 ml Sonnenblumenöl	Großhandel (C & C, Metro, AGM ...)														
Tafelsalz	Großhandel (C & C, Metro, AGM ...)														

Apfelstrudel Verwendete Zutaten	Lieferant/ Bezugsquelle	Gluten	Krebstiere	Eier	Fisch	Erdnuss	Soja	Milch oder Laktose	Nüsse	Sellerie	Senf	Sesam	Sulfite	Lupinen	Weichtiere
Ca. 180 ml lauwarmes Wasser															
1 Ei	Großhandel (C & C, Metro, AGM ...)			X											
Mehl zum Ausarbeiten	Großhandel (C & C, Metro, AGM ...)	X													
Öl zum Bestreichen	Großhandel (C & C, Metro, AGM ...)														
Fülle:															
100 g Semmelbrösel (Paniermehl)	Großhandel (C & C, Metro, AGM ...)	X													
60 g Butter zum Rösten der Brösel	Großhandel (C & C, Metro, AGM ...)							X							
60 ml Zitronensaft, frisch	Frische Ware – Großmarkt														
1,2 kg geschälte, blättrig geschnittene, säuerliche Äpfel (z. B. Boskop, Jonathan)	Frische Ware – Großmarkt														
120 g Zucker	Großhandel (C & C, Metro, AGM ...)														
1 Prise Zimt	Großhandel (C & C, Metro, AGM ...)														
50 g Rosinen	Großhandel (C & C, Metro, AGM ...)												X		
60 ml Rum 38 Vol.-%	Großhandel (C & C, Metro, AGM ...)														
Beilage:															
Schlagobers	Großhandel (C & C, Metro, AGM ...)							X							
Apfelstrudel		X		X				X					X		

So könnte ein Dokumentationsblatt mit Zutatenliste aussehen

Apfelstrudel Verwendete Zutaten	Lieferant/ Bezugsquelle	Gluten	Krebstiere	Eier	Fisch	Erdnuss	Soja	Milch oder Laktose	Nüsse	Sellerie	Senf	Sesam	Sulfite	Lupinen	Weichtiere
Glattes Mehl	Großhandel (C & C, Metro, AGM ...)	X													
Öl	Großhandel (C & C, Metro, AGM ...)														
Tafelsalz	Großhandel (C & C, Metro, AGM ...)														
Ei	Großhandel (C & C, Metro, AGM ...)			X											
Semmelbrösel (Paniermehl)	Großhandel (C & C, Metro, AGM ...)	X													
Butter	Großhandel (C & C, Metro, AGM ...)							X							
Äpfel	Frische Ware – Großmarkt														
Zitrone	Frische Ware – Großmarkt														
Zucker	Großhandel (C & C, Metro, AGM ...)														
Zimt	Großhandel (C & C, Metro, AGM ...)														
Rosinen	Großhandel (C & C, Metro, AGM ...)												X		
60 ml Rum 38 Vol.-%	Großhandel (C & C, Metro, AGM ...)														
Schlagobers	Großhandel (C & C, Metro, AGM ...)							X							
Apfelstrudel		X		X				X					X		

Änderungsdienst

Wenn das Rohwarenmanagement und die Rezepturdatenbank aufgebaut sind, folgt die Implementierung eines zuverlässigen Änderungsdienstes.

Wie werden Rezepte im Betrieb verwaltet?

Wie bereits beschrieben, ist es essenziell, dass jede Änderung bei der Rohware oder in den Rezepturen auch tatsächlich in der gesamten Dokumentation zuverlässig ihren Niederschlag findet.

Dies ist nur möglich, wenn die Rezepturdatenbank entsprechend aufgebaut wurde und wenn die Verknüpfung zwischen Rohwaren, Komponenten und Speisen tatsächlich funktioniert.

Die primäre Frage lautet: Wie findet eine Änderung der Rohware in allen Rezepturen, in denen diese enthalten ist, statt?

Beispiel für einen funktionierenden Änderungsdienst

In einem Betrieb wird Rindsuppe immer frisch zubereitet. Bisher wurde sie mit Sellerie hergestellt und nicht nur als Suppe angeboten, sondern auch als Aufgussmittel für zahlreiche Speisen verwendet. Nun wird die Rindsuppe nach einem neuen Rezept ohne Sellerie zubereitet und es gilt, alle Speisen herauszufiltern, die diese Rindsuppe als Komponente enthalten.

Bei unserem Betrieb ist sie in folgenden Speisen zu finden:
Grießnockerlsuppe • Leberknödelsuppe • Zwiebelsuppe • Knoblauchcremesuppe • Burgunder Rindsbraten • Kalbsrollbraten • Schweinsbraten • Kartoffelgulasch (nicht vegetarisch) • Naturschnitzel • Kartoffelsalat

Eine gut aufgebaute Rezeptdatei würde in diesem Fall auf das Grundrezept „Rindsuppe" zurückgreifen. Dieses sollte in den Gerichten als Rezepturbestandteil, sprich als eigener Artikel (wie eine Rohware), erfasst sein. Dadurch kann mit nur einer Änderung die gesamte Rezeptdatenbank verändert werden.

Für die Anlage von Rezepten empfiehlt es sich, die notwendige Zeit zur Verfügung zu stellen bzw. zu reservieren oder auch externe Hilfe in Anspruch zu nehmen, um eine schnelle und professionelle Lösung zu erhalten, die dem Betrieb zugutekommt.

Gesetzliche Mindestanforderungen für die Dokumentation

Ganz gleich, für welche Art der Dokumentation sich ein Lebensmittelunternehmer entscheidet: Er muss im Fall einer Kontrolle durch die Behörde immer den klaren Nachweis erbringen können, dass seine Gäste bzw. Kunden über Allergene richtig und ausreichend informiert werden.

Die Dokumentation des Allergenmanagements muss immer schriftlich erfolgen.

Schriftlich

Folgende Unterlagen müssen als Mindestanforderung im Betrieb aufliegen:

- **Rohwareninformationen (Etiketten, Spezifikationen)**
- **Zutatenlisten**

Diese Form der Dokumentation ist nur dann empfehlenswert, wenn es sich um einen sehr kleinen Betrieb mit kleinem und wenig wechselndem Angebot handelt, der vom Unternehmer selbst oder nur mit geringem Personalaufwand betrieben wird.

Tabellenkalkulation (Excel-Dateien)

Die Dokumentation der Rohwaren und Rezepturen mithilfe von Excel-Dateien ist mit Einschränkungen möglich, wird aber langfristig sehr aufwendig.

Auch diese Lösung ist eher für kleinere, wenig komplexe Betriebe empfehlenswert.

Diverse Softwareanwendungen

Eine einfache Softwareapplikation für die Dokumentation und als Basis für die Allergenkennzeichnung kann in den meisten Betrieben ein taugliches Werkzeug sein. Aber auch hier gilt, dass bei hoher Komplexität, Flexibilität und ständig wechselndem Angebot die Funktionalität vor dem Einsatz der geplanten Applikation gut geprüft werden soll.

Manche Applikationen bieten auch die Möglichkeit einer Datenbank im Hintergrund und somit eine Vernetzung mehrerer Betriebe. Die Dokumentation mithilfe solcher Applikationen ist auf jeden Fall sehr zweckmäßig.

Datenbanken

Insbesondere bei großen Betrieben der Gastronomie, Hotellerie und Gemeinschaftsverpflegung waren bereits vor Inkrafttreten der Allergenverordnung Warenwirtschaftssysteme mit entsprechenden Datenbanken im Einsatz. Der Großteil dieser Warenwirtschaftsprogramme bietet die Möglichkeit für ein gutes Allergenmanagement. Aber auch hier gilt, dass die Funktionalität genau geprüft werden muss, bevor das System zum Einsatz kommt. Im Bereich der Warenwirtschaftsprogramme ist diese Prüfung besonders wichtig, weil die Implementierung mit hohen Kosten verbunden sein kann.

Die Umsetzung der Dokumentation mithilfe eines Warenwirtschaftsprogramms ist in großen, komplexen und mit hohen Anforderungen versehenen Betrieben, wie z. B. Krankenhäusern, Pflegeheimen und anderen Gemeinschaftsverpflegern, eine sehr gute Wahl.

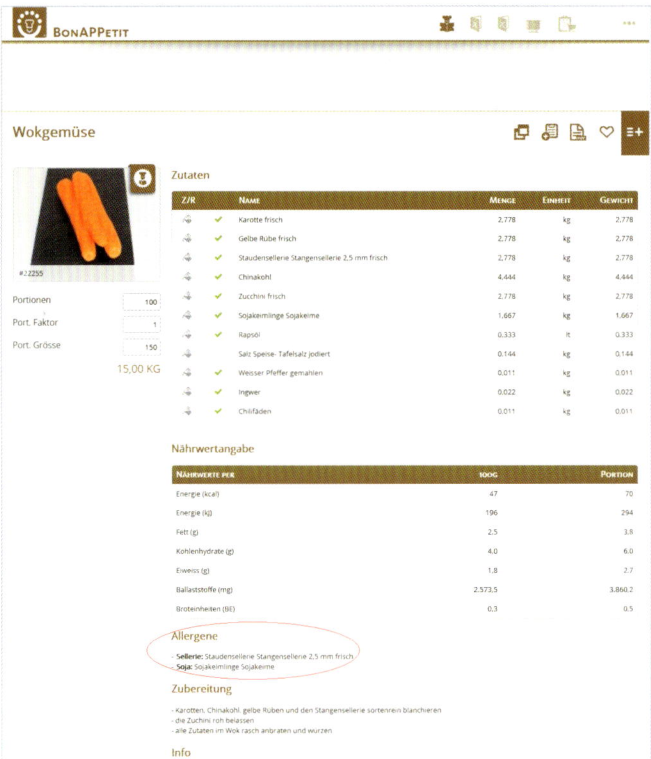

Wokgemüse

#22255

Portionen	100,000	Portionsfaktor	1,0
Port. Grösse	150 g	Gewicht	15,000 kg

Zutaten

Z/R	Name	Menge	Einheit	Gewicht
Z	Karotte frisch	2,778	kg	2,778
Z	Gelbe Rübe frisch	2,778	kg	2,778
Z	Staudensellerie Stangensellerie 2,5 mm frisch	2,778	kg	2,778
Z	Chinakohl	4,444	kg	4,444
Z	Zucchini frisch	2,778	kg	2,778
Z	Sojakeimlinge Sojakeime	1,667	kg	1,667
Z	Rapsöl	0,333	lt	0,333
Z	Salz Speise- Tafelsalz jodiert	0,144	kg	0,144
Z	Weisser Pfeffer gemahlen	0,011	kg	0,011
Z	Ingwer	0,022	kg	0,022
Z	Chilifäden	0,011	kg	0,011

Nährwertangabe

Nährwerte per	100g	Portion
Energie (kcal)	47	70
Energie (kJ)	196	294
Fett (g)	2,5	3,8
Kohlenhydrate (g)	4,0	6,0
Eiweiss (g)	1,8	2,7
Ballaststoffe (mg)	2.573,5	3.860,2
Broteinheiten (BE)	0,3	0,5

Allergene

- **Sellerie:** Staudensellerie Stangensellerie 2,5 mm frisch
- **Soja:** Sojakeimlinge Sojakeime

Zubereitung

- Karotten, Chinakohl, gelbe Rüben und den Stangensellerie sortenrein blanchieren
- die Zuchini roh belassen
- alle Zutaten im Wok rasch anbraten und würzen

Gedruckt am 12. März 2015 10:48 / Bereitgestellt von Solutions for Chefs

Seite 1/ 1

Schulung

Eine Schulung der Mitarbeiter ist in jenen Betrieben erforderlich, in denen die Information mündlich weitergegeben wird (siehe auch „Leitlinie für die Personalschulung über die Allergeninformation im Sinne der Allergeninformationsverordnung“, S. 37 ff.).
Grundsätzlich ist zu berücksichtigen, dass das Allergenmanagement eine sehr umfangreiche Materie ist. Es kann nur dann perfekt umgesetzt werden, wenn alle Mitarbeiter entlang der Prozesskette in einem Betrieb das erforderliche Wissen vermittelt bekommen.

Außer der reinen Wissensvermittlung sind auch die Bewusstseinsbildung und Sensibilisierung für das Thema Faktoren, die letztlich nur durch gute Schulungen im Betrieb nachhaltig sichergestellt werden können. Viele Betriebe nutzen die Chance und profilieren sich bei ihren Gästen durch inhaltlich solide Allergeninformationen. Dies gibt auch jenen Gästen, die keine Allergie haben, das Gefühl, kulinarisch in guten Händen zu sein.

Folgende Schulungsinhalte sind auch dann empfehlenswert, wenn keine gesetzliche Verpflichtung zur Schulung besteht:

- Rohwarenkunde und Bewusstsein für „versteckte“ Allergene
- Mögliche Auswirkungen bei der Verwendung von Ersatzprodukten
- Rezepturerstellung und -verwaltung
- Prozesskette im Betrieb
- Kreuzkontaminationen

- Basiswissen über Allergien bzw. Unverträglichkeiten
- Auswirkungen auf betroffene Personen
- Umgang mit Personen, die bereits bei geringsten Mengen allergische Reaktionen zeigen
- Notfallmaßnahmen bei anaphylaktischem Schock
- Kenntnis der deklarationspflichtigen Allergie auslösenden Stoffe
- Unterschied zwischen „frei von“ und „enthält“
- Zubereitung von Speisen für Allergiker

Welche Inhalte eine gesetzliche Schulung umfassen muss, finden Sie auf S. 37 f.

Kontrolle und Haftung

Die Kontrolle der Umsetzung der Allergeninformationsverordnung wird analog zu den Hygienekontrollen durchgeführt werden, zuständig ist auch hier die Lebensmittelaufsicht des jeweiligen Bundeslandes.

frage
an den profi

Wann und wie werden Kontrollen durchgeführt?
Die Allergenkontrollen werden im Zuge der Hygienekontrollen unangekündigt während der Betriebszeit stattfinden.

Auch der Lebensmittelaufsicht dienen die genannten Leitlinien und Empfehlungen der Codex-Unterkommission (siehe „Hinweise bei loser Ware“, S. 26 ff.) als Richtlinie für die Kontrollen. Aus diesem Grund ist es empfehlenswert, sich an diesen Dokumenten zu orientieren.

Welche Punkte werden von der Lebensmittelaufsicht kontrolliert?

- Vollständige und zuverlässige Dokumentation (siehe S. 129 ff.)
- Schulungsnachweis bei mündlicher Weitergabe (siehe S. 39)
- Weitergabe der Information (siehe „Kennzeichnung“, S. 34 ff., 125 ff.) inklusive Prozessmanagement

Ein Verstoß gegen die Allergenverordnung kann teuer werden

Sollte die Umsetzung nicht den Erfordernissen entsprechen, so wird es in einem ersten Schritt notwendig sein, alle Maßnahmen zur Erfüllung der Anforderungen zu treffen.

frage
an den profi

Kann eigentlich gestraft werden?
Ja, Verwaltungsstrafen sind möglich. Der maximale Strafrahmen gibt eine Summe in empfindlicher Höhe vor, die im Wiederholungsfall sogar verdoppelt werden kann.

Selbstverständlich werden bei der Festlegung des konkreten Strafausmaßes auch die Schwere des Vergehens und die Vermögensverhältnisse des Betriebs berücksichtigt.

Setzen Sie sich rechtzeitig mit den gesetzlichen Anforderungen auseinander und implementieren Sie ein passendes Allergenmanagement, um unangenehme Konsequenzen zu vermeiden.

Qualitätsmanagement

Unabhängig von der Allergenverordnung und der damit verbundenen Dokumentations- und Informationspflicht empfiehlt sich ab einer gewissen Betriebsgröße die Implementierung eines Qualitätsmanagements (QM). Teile jedes QM sind unter anderem die Risikoanalyse und die Darstellung von Prozessen. In der **Risikoanalyse** eines QM-Systems wird sehr klar herausgearbeitet, wie das Risiko einer Schädigung von Personen durch mangelhafte Allergeninformation vermieden werden kann. Die wesentlichen Schritte dazu sind in diesem Buch beschrieben.

Generell ist es wichtig, die folgende **Prozesskette** genauestens zu definieren und zuverlässig einzuhalten:

- Einkaufsmanagement
- Rohwarenmanagement
- Lagerhaltung
- Rezepturverwaltung

- Zubereitung
- Betriebsinterne Information
- Informationsweitergabe
- Rückmeldung an die Küche

Betriebe, die kein QM-System implementiert haben, können ähnlich wie beim HACCP-Konzept Prozesspunkte definieren, die geprüft werden müssen, um Fehler zu vermeiden. Dies wären zum Beispiel:

- Prüfung der Rohwaren auf Entsprechung gemäß der Dokumentation
- Prüfung zur Einhaltung der Rezepturen
- Prüfung des Verhaltens von Mitarbeitern, die Informationen weitergeben

Werden diese Prozesspunkte eingehalten, lässt sich die Fehlerquote mit Sicherheit sehr stark einschränken.

Wir wünschen Ihnen viel Erfolg bei der Umsetzung des Allergenmanagements in Ihrem Betrieb!

Literaturverzeichnis

Braden, Barbara: Methods and functions: Breath tests; in: Best Practice & Research Clinical Gastroenterology 2009, Volume 23, Issue 3, Seite 337–352

Buchart, Karin: Gut leben mit Nahrungsmittelallergien. Ratgeber mit Diätplan und Rezepten für alle Betroffenen; Löwenzahn Verlag, Innsbruck, 2008

Bundesministerium für Gesundheit: Leitlinie für die Personalschulung im Sinne der Allergeninformationsverordnung; verfügbar unter https://www.wko.at/Content.Node/branchen/b/01_Leitlinie_Personalschulung_ueber_Allergeninfo_072014.pdf (Zugriff: 03.10.2014)

Bundesministerium für Gesundheit: FAQ zur Anwendung der Verordnung (EU) Nr. 1169/2011 betreffend die Information der Verbraucher über Lebensmittel-LMIV; verfügbar unter http://bmg.gv.at/home/Schwerpunkte/VerbraucherInnengesundheit/Lebensmittel/FAQ_zur_Anwendung_der_Verordnung_EU_Nr_1169_2011_betreffend_die_Information_der_Verbraucher_ueber_Lebensmittel_LMIV (Zugriff: 06.10.2014)

Bundesministerium für Gesundheit: Leitlinie zur Allergeninformation bei nicht vorverpackten Lebensmitteln im Sinne der Allergeninformationsverordnung; verfügbar unter https://www.wko.at/Content.Node/branchen/b/01_Leitlinie_Personalschulung_ueber_Allergeninfo_072014.pdf (Zugriff: 03.10.2014)

Davit-Spraul, Anne; u. a.: Hereditary fructose intolerance: frequency and spectrum mutations of the aldolase B gene in a large patients cohort from France-identification of eight new mutations; in: Molecular Genetics and Metabolism, 2008, Volume 94, Issue 4, Seite 443–447

Deutscher Allergie- und Asthmabund e.V. (DAAB): http://www.daab.de/ (Zugriff: 23.09.2014)

DGAKI (Deutsche Gesellschaft für Allergologie und klinische Immunologie) u. a.: In-vitro-Diagnostik und molekulare Grundlagen von IgE-vermittelten Nahrungsmittelallergien; in: Allergo Journal, 2009, Volume 18, Issue 3, Seite 132–146

DGAKI (Deutsche Gesellschaft für Allergologie und klinische Immunologie) u. a.: Keine Empfehlung für IgG- und IgG4-Bestimmungen gegen Nahrungsmittel; in: Allergo Journal, 2009, Volume 18, Issue 4, Seite 267–273

DGAKI (Deutsche Gesellschaft für Allergologie und klinische Immunologie) u. a.: S3-Leitlinie Allergieprävention; Düsseldorf 2009; abrufbar unter http://www.uni-duesseldorf.de/AWMF/ll/061-016.pdf (Zugriff: 31.07.2014)

Elmadfa, Ibrahim: Ernährungslehre; Verlag Eugen Ulmer, Stuttgart, 2004

Europäische Union: Amtsblatt der Europäischen Union; Verordnung (EU) Nr. 1169/2011 des Europäischen Parlaments und des Rates vom 25. Oktober 2011; verfügbar unter www.eur-lex.europa.eu/LexUriServ/LexUriServ.do?uri=OJ:L:2011:304:0018:0063:DE:PDF (Zugriff: 03.10.2014)

Ivarsson, Anneli; u. a.: Breast-feeding protects against celiac disease; in: American Journal of Clinical Nutrition, 2002, Volume 75, Issue 5, Seiten 914–921

AKNÖ – Kammer für Arbeiter und Angestellte für Niederösterreich: Nicht alles ist eine Allergie. Nahrungsmittelunverträglichkeiten; Wien, 2009

Kofler, Heinz, u. a.: Bioresonanz und Allergien; abrufbar unter: http://www.dielunge.info/patienteninformation/erkrankungen/allergie/bioresonanz-und-allergien/ (Zugriff: 30.09.2014)

Liem, Joel J.; u. a.: The risk of developing food allergy in premature or low-birth-weight children; Journal of Allergy and Clinical Immunology, 2007, Volume 119, Issue 5, Seiten 1203–1209

Maintz, Laura, Novak, Natalija: Histamine and histamine intolerance; in: American Journal of Clinical Nutrition, 2007, Volume 85, issue 5, Seiten 1185–1196

ÖGKJ Österreichische Gesellschaft für Kinder- und Jugendheilkunde: Richtig essen von Anfang an. Österreichische Beikostempfehlungen; AGES, BMG & HVB, 2010

Ortolani, Claudio, Pastorello, Elide A.: Food allergies and food intolerances; in: Best Practice & Research Clinical Gastroenterology 2006, Volume 20, Issue 3, Seiten 467–483

Pereira, Brett; u. a.: Prevalence of sensitization to food allergies, reported adverse reaction to food, food avoidance, and food hypersensitivity among teenagers; Journal of Allergy and clinical Immunology, 2005, Volume 116, Issue 4, Seiten 884–892.

Reese, Imke; u. a.: Diagnostic approach for suspected pseudoallergic reaction to food ingredients; Journal der Deutschen Dermatologischen Gesellschaft, 2009, Volume 7, Issue 1, Seiten 70–77

Reese, Imke; Constien, Anja; Schäfer, Christiane: Richtig einkaufen bei Nahrungsmittel-Allergien. Mehr Sicherheit, beim Einkauf, im Restaurant und im Ausland; Trias, Stuttgart, 2007

Reese, Imke; Schäfer, Christiane: Allergien vorbeugen – Allergieprävention heute: Toleranzentwicklung fördern statt Allergene vermeiden; Systemed, Lünen, 2009

Republik Österreich: Bundesgesetzblatt II 175/2014 Allergeninformationsverordnung; verfügbar unter https://www.ris.bka.gv.at/Dokumente/BgblAuth/BGBLA_2014_II_175/BGBLA_2014_II_175.pdf (Zugriff: 03.10.2014)

Silbernagl, Stefan; Despopoulos, Agamemnon: Taschenatlas der Physiologie; Thieme, Stuttgart/New York, 2003

Thiel, Claudia; Ilies, Angelika: Kochen und Backen bei Nahrungsmittelallergien; Falken Verlag, Niedernhausen, 1998

Thiel, Claudia: Gut leben trotz Nahrungsmittel-Allergie; Trias, Stuttgart, 2004

Vogelsberger, Tanja: Nahrungsmittelunverträglichkeiten – Ernährungsphysiologischer Hintergrund und deren wissenschaftliche Bewertung; Diplomarbeit, Universität Wien, 2010

Weishaupt, Werner: Wie gehe ich erfolgreich mit Allergien und Unverträglichkeiten durch den Einsatz von emotionaler / psychosomatischer Kinesiologie um? Abrufbar unter: http://www.kinesiologie-verband.de/index.php?id=39&tx_ttnews[tt_news]=140&cHash=70e1726cb94f73ed867f5fe345679620 (Zugriff: 30.09.2014)

Wilson, Janice: Milk Intolerance: Lactose Intolerance and Cow's Milk Protein Allergy; in: Newborn and Infant Nursing Reviews, 2005, Volume 5, Issue 4, Seiten 203–207

Zuberbier, Torsten; u. a.: Prevalence of adverse reactions to food in Germany – a population study; in: Allergy. European Journal of Allergy and Clinical Immunology, 2004, Volume 59, Issue 3, Seiten 338–345

Stichwortverzeichnis